Coleção Vértice
100

A ALEGRIA DO MUNDO

Como a vinda de Cristo mudou tudo
(e continua mudando)

@editoraquadrante
@editoraquadrante
@quadranteeditora
Quadrante

SCOTT HAHN

A ALEGRIA
DO MUNDO

Como a vinda de Cristo mudou tudo
(e continua mudando)

Tradução
Diego Fagundes

3ª edição

QUADRANTE
São Paulo
2024

Título original
Joy to the World:
How Christ's Coming Changed Everything (and Still Does)

Copyright © 2014 by Scott Hahn

Capa
Gabriela Haeitmann

Dados Internacionais de Catalogação na Publicação (CIP)

Hahn, Scott
   A alegria do mundo : como a vinda de Cristo mudou tudo (e continua mudando) / Scott Hahn ; tradução de Diego Fagundes – 3ª edição – São Paulo : Quadrante, 2024. (Coleção Vértice)

   Título original: Joy to the world : how Christ's coming changed everything (and still does)
   ISBN: 978-85-7465-620-5

   1. Igreja Católica 2. Igreja Católica - Doutrinas 3. Jesus Cristo 4. Jesus Cristo - Natividade 5. Natal - Meditações 6. Teologia doutrinal I. Título II. Série

CDD 232.92

Índice para catálogo sistemático:
1. Jesus Cristo : Natividade : Cristianismo 232.92

Todos os direitos reservados a
QUADRANTE EDITORA
Rua Bernardo da Veiga, 47 - Tel.: 3873-2270
CEP 01252-020 - São Paulo - SP
www.quadrante.com.br / atendimento@quadrante.com.br

Sumário

Uma luz se acende em Belém 9

O que acontece em Belém 21

Um novo Gênesis 31

O falso reino 47

Maria: causa da nossa alegria 57

Na noite feliz, um homem silencioso 73
    A teoria da suspeita 79
    A teoria da perplexidade 80
    A teoria da reverência 81

Os Anjos cantam entre nós 89

Ó, cidadezinha de Belém 101

Você acredita em magos? 111

A alegria entre os pastores 123

A glória do povo de Deus: a apresentação 131

Uma viagem de alegria 141

Trindades abençoadas: o céu e a Sagrada Família 151

A alegria do mundo 161

À Virgem Maria, causa da nossa alegria.
(Lc 1, 39-45)

A história da salvação não é um pequeno acontecimento num planeta pobre na imensidão do universo. Não é algo mínimo, que acontece por acaso num planeta perdido. É o motor de tudo, o motivo da criação. Tudo é criado para que haja esta história, o encontro entre Deus e a sua criatura.

Papa Bento XVI, *Meditação durante a celebração da hora «tertia» no início da primeira congregação geral do Sínodo dos Bispos*, 06.10.2008.

Capítulo 1
Uma luz se acende em Belém

Era início de primavera. Faltavam ainda mais de seis meses para o Natal, mas os peregrinos se aglomeravam ao nosso redor cantando hinos como *O Little Town of Bethlehem* («Ó, cidadezinha de Belém») e *Adeste fideles*. A cena se repete ao longo do ano na Basílica da Natividade, Terra Santa.

«Cristãos, vinde todos, com alegres cantos. Ó, vinde! Ó, vinde até Belém», diz uma das cantigas.

Aproximadamente dois milhões de visitantes passam pela cidade anualmente. Quase todos chegam como peregrinos para venerar – ou como turistas para fotografar, embasbacados – o lugar onde Jesus nasceu. Organizam-se em duas longas filas e esperam para contemplar rapidamente o local onde Maria e José se abrigaram e os Anjos anunciaram o nascimento aos pastores. Talvez haja tempo para uma rápida oração antes que o frade responsável pelo lugar sinalize que é chegada a vez do próximo visitante na fila.

Para os mais avidamente devotos e para os mais avidamente curiosos, esse breve momento basta para compensar os murmúrios anticristãos ouvidos ocasionalmente nas ruas de uma cidade hoje predominantemente muçulmana. Também compensa a hostilidade que os visitantes têm de enfrentar num lugar que foi cenário de combate armado há bem pouco tempo (a Basílica da Natividade foi ocupada e sitiada em 2002). Sem dúvida, compensa a inconveniência de esperar na fila.

Para um peregrino como eu, esforço e risco fazem parte dos atrativos de uma viagem a Belém. Por essa razão, foi emocionante visitar os diferentes pontos sagrados com meus familiares. Esforçava-me para ouvir cada palavra sussurrada pelos guias turísticos, que eram repreendidos pelos frades locais sempre que ousavam erguer a voz um pouco acima do limite permitido. Enquanto esperava na fila, detive os olhos pelas paredes e pelo horizonte em busca de algum detalhe que eu pudesse reconhecer da Sagrada Escritura ou da própria história.

No entanto, entre um devaneio e outro, meus olhos frequentemente se voltavam para uma visão mais familiar: minha tão querida e única filha, Hannah, então com doze anos de idade. Ela parecia entediada e inquieta.

A devoção dos mais velhos pode parecer alienígena aos olhos de uma adolescente. Hannah conhecia as histórias bíblicas, claro, mas não da maneira como eu as conhecia – dos anos no seminário presbiteriano e depois no doutorado em teologia. Dava para perceber que os guias turísticos, com suas digressões a respeito de um passado distante, eram de enorme interesse para mim, mas tediosos para ela. E ela não pareceu ter ficado nem um pouco satisfeita com a recompensa que veio depois da longa espera na fila: alguns míseros segundos se esticando toda para beijar uma pedra sagrada e histórica.

Quando chegamos a Belém, já tínhamos ido a vários outros locais bíblicos, e o cansaço começava a surgir no rosto de Hannah. Tentei dar um pouco mais de atenção a ela na Basílica da Natividade, para que o tempo na fila para a cripta se tornasse menos maçante.

O grupo com o qual estávamos era enorme, composto por centenas de pessoas que viajavam em vários ônibus, mas Hannah e eu ficamos entre os primeiros na hora de formar a fila. Não demorou muito e começamos a descer a pequena escada que dá acesso à cripta, que fica abaixo do altar principal da igreja: a gruta onde, de acordo com a tradição, a Santa Virgem Maria deu à luz Jesus Cristo.

Diante da estrela prateada de catorze pontas que marca o local exato do nascimento, paramos, rezamos e nos curvamos para beijá-la.

Pouco depois, conforme subimos as escadas da saída, passamos por nossos companheiros de grupo na fila (que agora se estendia até sair da basílica). Avisei Hannah de que talvez fosse necessário esperar uma hora até que todos do grupo tivessem concluído sua visita. Talvez não tenha sido a melhor coisa a se dizer naquela situação; Hannah suspirou do jeito mais adolescente possível, com um tédio que beirava o desespero, e eu, como de costume, fiz minha oração pedindo sabedoria para ser pai.

E então veio o presente dos céus.

Um dos guias que estavam trabalhando com o nosso grupo aproximou-se e anunciou a próxima parada: visitaríamos um orfanato que ficava perto de onde estávamos. Já podíamos começar a nos deslocar para lá.

Foi como se uma luz se acendesse no rosto de Hannah. A visita ao orfanato significava a libertação imediata daquela igreja escura onde ela estivera fadada a contar lentamente os turistas que iam passando.

Nosso guia nos levou até as portas da igreja, por onde saímos e chegamos à praça inteiramente banhada pela luz do sol. O caminho até o orfanato foi curto e não tivemos dificuldade para manter o ritmo da caminhada. Até eu me senti aliviado após ter enfrentado o lento arrastar da fila. Hannah, por sua vez, parecia mais animada com esse passeio do que com qualquer outro que havíamos feito desde a nossa chegada à Terra Santa.

O orfanato estava repleto de crianças, todas muito espertas e bem cuidadas. Hannah ficou eufórica por estar perto delas (em vez de estar visitando um monumento qualquer). Ela não sabia e talvez não conseguisse compreender o motivo pelo qual um lugar como aquele precisava existir. Hannah pouco sabia sobre os conflitos entre Israel e Palestina: as bombas, as batalhas, o colapso econômico e os serviços de saúde precários que haviam deixado tantas crianças sem o carinho de um pai e de uma mãe.

Os meninos e as meninas sorriram ao vê-la e correram para perto dela. Pré-adolescente, Hannah era uma gigante entre as crianças do orfanato, mas claramente *não era* um adulto. Tinha a idade perfeita para ajudar a cuidar dos pequenos. Os funcionários do orfanato a levaram até uma cadeira e perguntaram se ela gostaria de segurar um bebê. Hannah respondeu com um sorriso luminoso e um enfático «sim». Conforme nos explicaram, era importante para a saúde dos bebês que eles recebessem uma dose diária de contato humano (o tipo de contato que eles teriam num lar com pais e irmãos).

Terceira de seis filhos, Hannah tinha tido muita experiência com bebês; por isso, sabia exatamente o que fazer quando uma funcionária trouxe o primeiro. Ela tomou o menininho nos braços, aproximou seu rosto do dele e até mudou o tom de voz ao cobri-lo de elogios carinhosos e palavras de afeto.

Deve ter feito tudo direitinho, porque logo em seguida uma das cuidadoras veio pegar o bebê e trocá-lo por outro. E depois outro.

Hannah estava em êxtase. Eu não a via tão animada desde o início da viagem. Entre um agrado e outro aos bebês, falava conosco toda alegre.

Eu estava feliz porque ela estava feliz. E foi aí que um outro tipo de alegria me invadiu.

Enquanto observava Hannah radiante sentada numa cadeira em Belém, pensei em outra menina, também adolescente. Ela também tinha vindo de longe até Belém; sua jornada de cento e trinta quilômetros no lombo de um burrinho certamente foi mais demorada do que a nossa, num voo sem escalas que partiu de Nova York. Chegou àquela mesma cidade sob circunstâncias que estavam longe de ser ideais. Certamente teve de enfrentar filas e multidões, já que a pacata Belém do século I definitivamente não tinha estrutura para sediar um censo.

E, no entanto, aquela jovem, vários séculos atrás, encontrou plenitude em Belém, em um bebê que foi posto em seus braços. Todos os que a viram guardaram sua imensa alegria na lembrança, e essa lembrança permanece viva entre nós até hoje, dois mil anos depois.

Observando Hannah olhar para cada uma daquelas crianças, eu entendi o porquê.

O impacto daquele momento sobre Hannah foi duradouro. Ela foi transformada por dentro e por fora, e era possível ver os sinais dessa transformação tanto no seu rosto como nas suas atitudes. Meses depois, arrecadou fundos para enviar roupas aos «seus» órfãos em Belém. Havia despertado espiritualmente, mas havia algo ainda maior do que isso. Era como um despertar *materno*, um ingresso na maturidade, uma transição entre *ser* uma criança e *se preocupar com* uma criança.

Tenho lembranças maravilhosas dessa viagem, mas o tempo que passamos ali naquele orfanato merece destaque. Sei que vi a alegria do Natal em Belém, não no lugar exato do nascimento de Jesus, mas também não muito longe dali.

O que até então era meramente uma palavra para mim – Natal – naquele momento tornou-se uma realidade de carne e osso. E aquele momento ainda está bem vivo na minha memória. Para mim, a realidade do Natal não tem a ver primariamente com o que aprendi no seminário presbiteriano ou nas árduas pesquisas que fiz durante o doutorado. O Natal é a alegria e o amor que surgiram entre uma jovem mulher e uma criança que havia sido posta em seus braços.

Essa criança era Jesus, e Ele em seguida daria lugar a outra criança que precisava de amor, e depois outra, e depois outra, e essas crianças somos todos nós. Somos eu e você. Ele cresceu e nos redimiu para que pudéssemos ser acolhidos na vida que Ele viveu aqui na terra. Ele nos acolhe na família que criou para si.

Jesus não veio ao mundo sozinho. Veio ao mundo por meio de uma família, e nos trouxe a salvação para que todos pudéssemos fazer parte da grande família de

Deus. Este é o significado profundo da salvação e do Natal: *Mas a todos aqueles que o receberam, aos que creem no seu nome, deu-lhes o poder de se tornarem filhos de Deus* (Jo 1, 12). Filhos e filhas de Deus, membros de sua família. Se não compreendemos o Natal, também não podemos compreender o que Jesus fez quando nos salvou. Há uma dimensão familiar em todos os mistérios da salvação: da Paixão e Morte de Cristo à instituição, por suas mãos, dos sacramentos e da Igreja. Em nenhum outro lugar, porém, essa dimensão se manifesta com tanta clareza quanto na história do nascimento de Jesus.

E foi isso que minha filha Hannah me mostrou em Belém, muitos anos atrás.

* * *

Embora seja uma das histórias mais populares de todos os tempos, eu diria que o Natal desafia várias convenções narrativas. As histórias mais duradouras costumam ser aquelas que trazem heróis marcantes e vilões memoráveis.

O Natal tem seus vilões, que são fáceis de identificar. O sanguinário Rei Herodes surge como uma sombra ameaçadora no capítulo de abertura do Evangelho de São Mateus. Quando São João fala simbolicamente sobre o nascimento do Messias, em Apocalipse 12, ele nos informa que o verdadeiro antagonista é o próprio diabo, representado por um dragão mortífero.

Mas quem é o herói da história do Natal? Tendemos a ler o Evangelho pelo filtro de dois milênios de tradição, de maneira que a resposta parece óbvia: o herói é

Jesus! Ele é a razão por trás da celebração. É dEle o nascimento que celebramos nesse dia, e é dEle a história que ouvimos e que depois proclamamos do alto da montanha[1].

É verdade que Jesus está no centro da história, mas Ele não se comporta como um herói convencional. Jesus não se encaixa no modelo padrão. Não age sozinho. Não interfere diretamente para mudar o curso dos acontecimentos. Na verdade, Ele *mal age*. É passivo: nasce e logo é posto para dormir numa manjedoura; é encontrado pelos magos no colo de sua mãe, é levado em fuga para o Egito. Como todo bebê, exerce uma poderosa atração e desperta amor naqueles que se aproximam; no entanto, só tem visibilidade porque alguém O segura.

A história do Natal tem um herói incomum. Não se trata de um guerreiro, de um conquistador, não se trata sequer de um indivíduo, mas sim de uma *família*. Os detalhes da história sempre nos trazem de volta a esse fato. Vemos as faixas com as quais Jesus foi envolvido e sabemos que são faixas próprias para se envolver um bebê, mas é preciso que *alguém* o tenha feito. Temos, portanto, uma mãe e seu filho. Temos um pai. Temos um lar. Ouvimos falar da manjedoura na qual Ele foi posto, mas Ele foi posto ali *por alguém*. Ouvimos falar do exílio do Menino Jesus no Egito, mas era preciso que *alguém* O levasse até lá, alguém que pudesse protegê-lO dos salteadores que vagavam pelas estradas do deserto, e que trabalhasse para sustentar mãe e filho numa terra estrangeira.

As cenas da infância de Jesus (a gravidez repentina de

---

(1) Referência à canção folclórica *Go Tell It on the Mountain*, originalmente compilada pelo americano John Wesley Work Jr. no começo do século XX. (N. do T.)

Maria, as decisões providenciais de José, a perseguição de Herodes) são dramáticas exatamente porque se desenrolam na intersecção de várias trajetórias individuais. De fato, os significados dos outros elementos da história derivam do foco primário do Evangelho na família: a Sagrada Família. O perverso Rei Herodes é claramente a antítese da família e dos filhos; é ele que ordena o extermínio dos meninos de Belém. A história nos conta que Herodes matou *seus próprios filhos*, e o Evangelho mostra que ele comandou seus soldados para que voltassem suas espadas contra as crianças de Belém.

A família é a chave do Natal. É a chave do cristianismo. O Papa João Paulo II observou que tudo aquilo que é bom – a história, a humanidade, a salvação – «se transmite por meio da família»[2]. Quando Deus veio nos salvar, Ele fez com que a salvação e a família fossem inseparáveis, de maneira que a salvação se manifesta na própria vida familiar. E como a família é o ambiente tradicional da vida humana, Ele veio para compartilhá-la, redimi-la e aperfeiçoá-la. Ele a transformou na imagem e no sacramento de um mistério divino. A própria salvação só encontra significado no âmbito das relações *familiares*.

A verdade do Natal começa com a família. Os eventos que perfazem o enredo do Natal foram historicamente determinados pelas decisões de um homem que era marido e pai, e de uma mulher que era esposa e mãe. Conhecemos esses eventos unicamente porque essa mãe guar-

---

(2) Ver, por exemplo: João Paulo II, *Gratissimam Sane* (carta às famílias), 02.02.1994, n. 23; João Paulo II, *Familiaris Consortio* (exortação apostólica sobre a função da família cristã no mundo de hoje), 22.11.1981, n. 86; João Paulo II, *Angelus*, 26.12.1999; e a *Carta dos direitos da família*, apresentada pela Santa Sé em 22.10.1983.

dou-os no seu coração e escolheu compartilhá-los com os discípulos do seu filho (cf. Lc 2, 19.51).

A verdade do Natal foi passada adiante por meio da família. Peregrinos ancestrais encontraram o caminho que levava à gruta da natividade não porque havia placas e sinais espalhados pelas estradas de chão batido de Belém, mas sim porque os primeiros cristãos – alguns dos quais talvez fossem testemunhas oculares de Cristo, ou filhos de testemunhas oculares – haviam guardado todos aqueles eventos em seus corações para depois passá-los adiante por meio de narrativas às gerações futuras.

Sua fé permaneceu na ilegalidade por séculos. Em Belém, assim como em outros lugares, eles se encontravam para louvar a Deus não em grandes igrejas, mas sim nos lares das famílias, e consideravam todos os que se reuniam ali uma família em comum. Esta é, de fato, uma das mais profundas conclusões sobre a história do Natal: Deus fez sua morada entre os homens, mulheres e crianças, e os chamou – assim como nos chama a cada um de nós – a fazer parte da sua família, do seu lar sagrado.

Esse é, portanto, o tema dos capítulos que se seguem. Cada capítulo é uma meditação sobre a vinda de Cristo ao mundo, isto é, sobre a própria história do Natal, vista à luz de sua ambientação histórica mais íntima e primordial. Vamos nos encontrar com os membros da Sagrada Família e nos juntar a eles em sua jornada a Belém, a Jerusalém e ao Egito. Vamos nos deter sobre o significado profundo de cada detalhe da narrativa: os Anjos, a manjedoura, as faixas usadas para envolver Jesus, os magos, a estrela e os pastores. Esses detalhes podem parecer-nos estranhos e impenetráveis quando não levamos em consideração sua existência em relação a uma família, uma mãe, um pai, um vínculo, um lar, uma linhagem, um patrimônio.

E agora esse patrimônio nos pertence! Nós fazemos parte da família de Cristo e, por essa razão, a alegria do Natal também é nossa. Podemos experimentá-la não apenas na Terra Santa, mas em todos os lugares, a qualquer hora do dia, todos os dias. Sem Cristo, não havia alegria no mundo, assim como não há alegria nos lugares onde Ele permanece até hoje desconhecido e rejeitado. Tudo mudou desde o nascimento de Jesus, mas tudo ainda está por mudar, à medida que as pessoas continuam recebendo o Menino Jesus na fé.

Capítulo 2

O que acontece em Belém...

Enquanto escrevia o primeiro capítulo deste livro, tive que cavar fundo na memória, mas também pude consultar outras fontes para confirmar os detalhes. Na verdade, liguei para Hannah (que agora vive feliz como mãe e esposa). Ela se lembrou de tudo, já que a experiência no orfanato em Belém foi transformadora para ela. Nunca é demais lembrar que ela chegou de viagem e imediatamente começou a arrecadar fundos para seus queridos órfãos em Belém.

O que acontece em Belém não fica em Belém. O que acontece ali volta com os peregrinos para a casa. Isso é profundamente verdadeiro com relação à Sagrada Família: *Maria conservava todas estas palavras, meditando-as no seu coração* (Lc 2, 19).

Com essas palavras, São Lucas conclui sua narrativa sobre a concepção, o nascimento e os primeiros anos de

Jesus. Alguns parágrafos adiante, ele conclui o relato sobre os anos finais da infância de Cristo com uma variação do mesmo tema: *Sua mãe guardava todas estas coisas no seu coração* (Lc 2, 51). Desde a antiguidade, comentaristas do Evangelho afirmam que ambos os trechos são maneiras de o evangelista citar a Virgem como sua fonte primária.

Afinal de contas, Lucas era um historiador meticuloso e detalhista, interessado em registrar os fatos com exatidão. É o único dos evangelistas a usar termos médicos e anatômicos precisos ao descrever as curas milagrosas de Jesus. Lucas também é cuidadoso ao situar os eventos no tempo e no espaço. Ele nos diz que o censo que levou a Sagrada Família até Belém foi *o primeiro alistamento feito sob Quirino, governador da Síria* (Lc 2, 2). Não teria confundido o evento com outro similar. Maria e José – ele continua – subiram *da Galileia, da cidade de Nazaré, à Judeia, à Cidade de Davi, chamada Belém, porque era da casa e família de Davi* (Lc 2, 4). Tempo e espaço são importantes para ele, já que está passando adiante um relato que recebeu de testemunhas oculares.

A Santa Virgem era a única pessoa *capaz* de oferecer um testemunho ocular dos misteriosos acontecimentos em torno do primeiro Natal: a visita dos Anjos; a jornada de Nazaré à «cidade nas montanhas», a Belém e a Jerusalém; as conversas reservadas no Templo; e, por fim, o nascimento escondido num estábulo. Maria era, além disso, a única que podia falar sobre a maneira como ela própria reagia interiormente a todas essas maravilhas.

Maria é a única testemunha possível da concepção e do nascimento de Jesus. Lucas, por sua vez, dá testemunho coerente sobre as meditações de Maria. Fontes confiáveis da tradição colocam a Santa Virgem em Éfeso com o apóstolo João (cf. Jo 19, 26-27) nas décadas seguintes à ascensão de Jesus ao céu. Lucas também viajou para lá, e demonstra familiaridade com a região no capítulo 19 dos Atos dos Apóstolos. Utiliza, por exemplo, termos próprios do lugar para se referir aos cargos e às instituições públicas da cidade, termos que são confirmados por outras fontes locais contemporâneas do evangelista. É improvável que um historiador tão meticuloso (e um cristão tão devoto) tenha viajado tão perto da Mãe do Senhor e não tenha aproveitado para fazer algumas perguntas.

Ele registrou aquilo que ela havia por muitos anos «meditado em seu coração», e relatou as reflexões de Maria em passagens que parecem até singelas demais diante da natureza extraordinária dos eventos que descrevem.

Tal singeleza é marca registrada dos primeiros testemunhos e tradições cristãs. É uma característica que separa os evangelhos canônicos dos escritos tardios, não canônicos. Há outros «evangelhos» – outros documentos que se propõem a contar a história da infância de Jesus –, mas as narrativas apócrifas em geral se concentram no espetáculo e no poder. Há nelas uma preocupação excessiva com a opinião dos céticos. Seu estilo é demasiadamente afetado e bombástico. Transgridem as normas do bom gosto, abusam da credulidade do leitor e fornecem informações demais a respeito dos aspectos médicos do nascimento de Maria.

Lucas, por outro lado, como Mateus, consegue transmitir eventos extraordinários num tom direto e factual. Os relatos canônicos são fruto de longos anos de reflexão silenciosa. Foram objeto de ponderação nos corações amorosos de testemunhas oculares, e assim puderam ser reduzidos à sua essência.

As histórias sobre o nascimento de Jesus, conforme encontradas no Novo Testamento, são, no seu espírito e nos seus detalhes, corroboradas por várias das primeiras tradições cristãs locais. As memórias sobre as quais meditou a mãe de Jesus foram compartilhadas com a Igreja e «mantidas na família» como uma herança.

* * *

Os testemunhos primários sobre o Natal estão nos Evangelhos de Mateus e Lucas. Foram escritos como relatos históricos, embora os evangelistas tivessem públicos diferentes, cada qual com sua própria cultura e seus próprios hábitos referentes à preservação do passado. Segundo os primeiros registros, Mateus escreveu originalmente em hebraico para um público judaico-cristão. Já Lucas escreveu para gentios e judeus que falavam grego.

Ao longo da nossa discussão, dedicaremos boa parte do nosso tempo às páginas desses Evangelhos. Ocasionalmente, entretanto, buscaremos inspiração em outros livros do Novo Testamento. Também temos muito a aprender com a tradição, com a arqueologia e com os escritos dos primeiros Padres da Igreja. A maior parte dos cristãos infelizmente conhece pouco sobre os primeiros relatos natalinos (excetuando-se os da Bíblia).

Tomemos como exemplo as evidências encontradas nos escritos de São Justino, que nasceu por volta do ano 100 d.C. numa família pagã em Flávia Neápolis (atualmente chamada Nablus), a aproximadamente sessenta e cinco quilômetros ao norte de Belém. Ele tinha profundo conhecimento sobre aquele povo e sobre aquela região, e conhecia o lugar onde ficava «uma certa caverna»[1] que os nativos, mesmo naquele tempo longínquo, já veneravam como sendo o ponto exato onde Jesus nasceu. São Justino não se demora muito sobre o fato; apenas menciona de passagem que os cristãos daquela região tiveram o cuidado de preservar a memória histórica da natividade.

No século posterior ao relato de Justino, um grande estudioso egípcio chamado Orígenes fez sua peregrinação a Belém e escreveu seu próprio relato sobre a visita (em resposta ao escárnio de um cético que se opunha a ele):

> Em Belém está a caverna onde Ele nasceu, e a manjedoura onde Ele foi posto após ser envolvido em faixas. A caverna é muito conhecida entre os moradores da região, mesmo entre aqueles que são inimigos da fé. Eles dizem que foi nessa caverna que se deu o nascimento de Jesus, aquele que é adorado e reverenciado pelos cristãos[2].

Não se trata só de *uma* caverna, mas *dessa* caverna, isto é, de uma caverna em específico. Para Orígenes, assim como para São Justino e para os evangelistas, os fatos relacionados à concepção, ao nascimento e à infância de Jesus estão rodeados de particularidades e aspectos verificáveis. Tais eventos não aconteceram «num reino muito distante», mas sim *nos tempos de Herodes, rei da Judeia*, quando *apareceu um decreto de César Augusto* (Lc 1, 5; 2, 1).

A história do cristianismo começa com a história do Natal, e é história de fato – e não mito, fábula ou fol-

---
(1) São Justino Mártir, *Diálogo com Trifão*, 87; ver também 70.
(2) Orígenes, *Contra Celso*, 1, 51.

clore. Os relatos canônicos não se encaixam em nenhum desses gêneros.

Guiados pelo Espírito Santo, os evangelistas escreveram com concisão e brevidade, registrando apenas o essencial. Os Evangelhos nos dizem pouco a respeito da infância de Jesus, com exceção de alguns episódios. No entanto, cada um dos detalhes que temos traz consigo a verdade da salvação. Esses são os detalhes que a Virgem meditou com amor e afeto em seu coração, e que relatou cuidadosamente aos evangelistas.

* * *

As histórias sobre a concepção e o nascimento de Jesus são certamente pouco usuais. Contêm várias aparições angelicais, fenômenos astronômicos singulares e um sem-número de milagres. O leitor moderno, dada a sua formação, não sabe exatamente o que fazer com tudo isso. Vivemos num mundo cheio de maravilhas, mas somos instruídos a colocá-las de lado sempre que não se encaixam nas generalizações mais amplas, feitas por meio de categorias confirmadas pelo método científico e aprovadas pelo magistério dos céticos.

No terceiro volume de sua obra-prima, *Jesus de Nazaré*, o Papa Bento XVI aborda as narrativas sobre a infância de Jesus e faz a inevitável pergunta: «Trata-se verdadeiramente de história que aconteceu ou é apenas uma meditação teológica expressa sob a forma de histórias?»[3]

Desde o século XVIII, um grupo influente de estudiosos – alguns dos quais se declaram cristãos – vem le-

---

(3) Joseph Ratzinger (Papa Bento XVI), *Jesus de Nazaré: A infância de Jesus*, Planeta, São Paulo, 2012, pág. 99.

vantando a mesma questão e optando pela segunda alternativa. Os membros desse grupo argumentam que as narrativas sobre a infância de Cristo (assim como outras histórias milagrosas) vão além dos dados históricos. Alguns dizem que essas narrativas são mitos cujos moldes seriam as histórias míticas de outras religiões, ou ainda alegorias, conforme a literatura grega. Outros dizem que se trata de «midrashim agádicos», uma forma de conto ilustrativo de características intencionalmente fantásticas, criado para esclarecer um ponto doutrinal. Há ainda quem defenda a ideia de que as narrativas de infância não passam de fábulas com um objetivo moral útil, tais como as de Esopo.

O Papa Bento XVI analisou essas abordagens de maneira cuidadosa e séria, mas terminou por rejeitá-las como chaves interpretativas dos textos bíblicos que tratam do nascimento de Jesus. A teologia e a história, segundo explica o Papa, não são categorias mutuamente excludentes ou contraditórias. Se Deus existe, Ele é o Senhor da História, e esta não pode ser reduzida a um acúmulo de dados políticos, econômicos e militares. Se Deus existe, então seus propósitos se tornarão realidade tanto nas famílias como nos exércitos. Seus propósitos podem se tornar realidade *à medida que se cumprem* na família de Israel (no Antigo Testamento) e na família da Igreja (no Novo Testamento).

O Papa conclui:

> Os dois capítulos da narrativa da infância em Mateus não são uma meditação expressa sob forma de histórias, antes pelo contrário: Mateus nos narra verdadeira história, que foi meditada e interpretada

teologicamente, e assim ele ajuda-nos a compreender mais profundamente o mistério de Jesus[4].

O Santo Padre nota ainda que, nos últimos cinquenta anos, as opiniões dos estudiosos vêm se deslocando sutilmente nessa direção.

Neste livro, eu parto dos mesmos pressupostos que foram objeto de análise do Papa Bento XVI, embora meus interesses aqui sejam consideravelmente diferentes dos dele. Conforme escreve o Papa, quando lemos sobre o nascimento do Messias, não estamos lidando com mitos, lendas ou contos folclóricos:

> Mateus e Lucas – cada um à sua maneira – queriam não tanto narrar «histórias», mas escrever história: uma história real, acontecida, embora certamente interpretada e compreendida com base na Palavra de Deus[5].

Embora o Evangelho certamente seja riquíssimo em significados alegóricos, ele é antes de tudo *história*. Se há alegoria nas narrativas de infância, é formulada por Deus e não apenas com palavras, mas também com a criação em si, com os próprios eventos da história sagrada. Deus escreve o mundo assim como os homens escrevem palavras. Há verdades espirituais nos eventos narrados no início dos Evangelhos, mas os eventos em si também são reais e importantes. Não são menos históricos por serem extraordinários. Para citar novamente o Papa Bento XVI: «Se Deus não tem poder também sobre a matéria, então Ele

---

(4) *Idem*, pág. 100.
(5) *Idem*, pág. 23.

não é Deus. Mas Ele possui esse poder»[6]. Portanto, Ele não só pode como de fato guia a história e a criação, da mesma forma que guiou os profetas para que contassem sua história.

O Papa Francisco abordou o tema com sua característica contundência: «O nascimento de Jesus não é uma fábula! É uma história que aconteceu de verdade, em Belém, há dois mil anos»[7]. É história, nossa história familiar, cuidadosamente preservada e transmitida por meio do lar que chamamos de Igreja, para trazer alegria a todas as gerações.

Os acontecimentos do Natal nos desafiam assim como desafiaram os personagens originais – a *família* – cuja história eles contam.

---

(6) *Idem*, pág. 52.
(7) Papa Francisco, *Palavras aos Jovens da Ação Católica italiana*, 20.12.2013.

CAPÍTULO 3

Um novo Gênesis

O Novo Testamento não começa com um discurso ou uma profecia, nem com teologia ou leis, mas sim com uma simples declaração sobre relações familiares: *Genealogia de Jesus Cristo, filho de Davi, filho de Abraão* (Mt 1, 1).

Mateus deliberadamente inicia sua proclamação do Evangelho com uma sucinta afirmação sobre seu tema e seu propósito. Não se trata sequer de uma frase completa. É quase certo que a intenção do evangelista tenha sido usar a frase como título das linhas seguintes e talvez de todo o Evangelho.

E o título é denso. Nesse fragmento breve e funcional encontra-se o sentido do Natal e do cristianismo.

Biblos geneseos. Assim começa o Evangelho em grego, e essas duas palavras carregam grande poder sugestivo. *Geneseos* pode significar «genealogia», conforme a tradução mais comumente adotada nas línguas ocidentais, mas também pode significar «início» ou «origem». Da raiz que nos deu *geneseos*, extraímos os *genes*, que nos tornam quem somos. Extraímos também o *genoma*, cujo mapa guarda informações sobre nossos antepassados e seus traços particulares. A partir dessa mesma raiz, falamos das *gerações* que traçam a história de nossa família.

Os primeiros leitores de São Mateus não sabiam nada sobre o campo da genética, mas o título usado pelo evangelista lhes dizia ainda mais do que diz a nós. A esses primeiros leitores, São Mateus sugeria um novo Gênesis, um relato sobre uma nova criação levada a cabo por Jesus Cristo. No quarto Evangelho, São João faz algo parecido ao começar ecoando as primeiras palavras da Torá: «No princípio» (Jo 1, 1; ver também Gen 1, 1). São Mateus introduz o mesmo tema, embora o faça de outra maneira. A mensagem em ambos os Evangelhos é clara: com a chegada de Jesus, Deus inaugura um novo princípio, uma nova criação, uma nova Torá e um Novo Testamento.

E a forma desse novo Gênesis é familiar. Mateus reconstrói a história da salvação não com base em batalhas e conquistas épicas – e certamente não com base em ideias com alto poder de influência –, mas sim com base na família. Ele nomeia o tão aguardado Ungido de Israel, o *Cristo*, e O identifica primariamente como um «filho», descendente de uma família em particular. Jesus é, portanto, definido por suas relações de parentesco, com Davi, com Abraão e, em última análise, com Deus.

* * *

Para os leitores modernos, a leitura das genealogias do Evangelho pode ser absurdamente tediosa. Costuma ser um pouco sofrido quando elas aparecem nas leituras da Missa, e o padre se esforça para percorrer a longa lista de nomes pouco comuns e difíceis de pronunciar.

Que a Igreja tenha começado seu livro sagrado com algo tão enfadonho parece um mistério insondável. Será que foi um desafio intencional? Será que Mateus está nos desafiando a atravessar esse verdadeiro purgatório, esse pântano formado por nomes ancestrais, antes que cheguemos a desfrutar da glória do Natal?

A resposta é não, absolutamente. Mateus começa seu Evangelho com o material mais instigante, atrativo e relevante que tinha à mão.

Ele compôs sua narrativa de maneira que ela agradasse aos judeus. Os judeus, por sua vez, formavam um só povo, com os mesmos antepassados. Traçavam suas origens até Abraão, por meio de seu filho Isaac e de seu neto Jacó (também conhecido como Israel), e ali determinavam seu lugar numa das doze tribos descendentes dos filhos de Jacó. A maioria das tribos havia se dispersado ou perdido, mas membros da tribo de Judá voltaram repetidas vezes à terra prometida por Deus a Abraão. A noção de ancestralidade comum promovia também o compartilhamento de um patrimônio, de uma terra natal, de direitos hereditários, de uma história e de um destino.

E a história do povo judeu é fundamental para compreender o seu destino. Israel havia sido escravizado e submetido à conquista, ao exílio, à dispersão e à profanação. Deus, no entanto, sempre resgatava o seu povo. Essa foi a história que os judeus guardaram na memória, e, mesmo depois de muitos séculos de dificuldades, o povo de Israel sabia que essa história *lhe pertencia*. Não era algo estranho a eles, algo vindo de fora. Eles próprios foram protagonistas da história e aguardavam ansiosamente por uma solução para suas aflições.

Cada nome na genealogia de Mateus sugeria um episódio dramático (ou vários) na história de Israel. E essa era uma história que os judeus conheciam bem.

* * *

Logo na primeira linha, Mateus situa Jesus na linhagem dos homens mais ilustres da nação. Como Filho de Davi e Filho de Abraão, Ele era herdeiro do trono real, herdeiro do rei de Israel.

Mas quem era Davi? E quem era Abraão?

Abraão foi o patriarca de Israel. Por volta de 2000 a.C., Deus o chamou para que abandonasse sua terra natal, a Mesopotâmia (para que abandonasse, portanto, a idolatria), e se tornasse pai de uma nação que se destacaria por sua adoração ao único e verdadeiro Deus. Deus prometeu abençoar Abraão e seus descendentes: *Farei nascer de ti nações e terás reis por descendentes. Faço aliança contigo e com tua posteridade, uma aliança eterna, de geração em geração, para que eu seja o teu Deus e o Deus de tua posteridade* (Gen 17, 6-7).

Essa aliança marcava Israel como povo único no mundo. Somente Israel podia afirmar ter sido adotado dessa maneira pelo Senhor de todo o universo. Somente Israel podia reivindicar ter um parentesco com Ele. Afinal, alianças criam laços de parentesco, vínculos familiares. E Deus havia estabelecido claramente um vínculo desse tipo com os descendentes de Abraão.

Deus também prometeu reis a Israel, e Davi, descendente de Abraão, foi chamado a reinar sobre seu povo e a estabelecer uma dinastia que governaria para sempre. Ele subiu ao trono de Israel por volta de 1000 a.C. Deus prometeu a Davi que um de seus herdeiros governaria não só sobre Israel, mas sim sobre todo o mundo, e que seu reino não teria fim. *Pede-me; dar-te-ei por herança todas as nações; tu possuirás os confins do mundo* (Sal 2, 8); *Ele me construirá um templo, e firmarei para sempre o seu trono real* (2 Sam 7, 13).

Deus faz muitas promessas no Antigo Testamento, mas são apenas duas as ocasiões em que Ele faz um juramento solene segundo o qual vai abençoar todas as nações: a primeira com Abraão, e a segunda com Davi. É significativo que ambos os eventos tenham acontecido no mesmo lugar, que na época de Abraão chamava-se Monte Moriá e, na de Davi, mil anos depois, Jerusalém (Gen 22, 1-2; 2 Cron 3, 1).

Aqueles que acreditavam nessas promessas ancestrais viviam em grande expectativa. Tinham fé na chegada do Filho de Davi como rei dos reis. Ele traria a paz ao mundo, começando por Israel. Assim como Davi, também seria um sacerdote (cf. Sal 109, 4). Afinal, Davi tinha conquistado o direito de usar vestes sacerdotais (1 Sam 30, 7), de oferecer sacrifícios (2 Sam 6, 12-15) e de comer o pão reservado para o clero da tribo de Levi (1 Sam 21, 1-6).

O Filho de Davi seria ungido para ocupar o posto de rei-sacerdote, o mesmo posto ocupado pelo próprio Davi, e seria conhecido como «o Ungido» – em hebraico, *Moshiach*, isto é, Messias; em grego, *Christos*; em nosso idioma, *Cristo*.

* * *

A promessa de uma era de ouro, no entanto, pareceu ter sido estilhaçada pelos pecados de Davi e seus herdeiros, a começar por seu filho Salomão. Davi cometeu adultério e sobre ele se abateu a ira parricida de um de seus filhos. Designado como seu herdeiro, Salomão taxou pesadamente seus súditos e descumpriu os mandamentos de Deus, tendo caído, por fim, no mais grave dos pecados: a idolatria. No intervalo de uma geração, o reino de Davi se partiu em dois reinos rivais, um no norte e outro no sul. Divididos e enfraquecidos, tanto o território como o povo se viram expostos à sede de conquista dos reinos vizinhos. No século VIII a.C., o Reino do Norte foi conquistado pelos assírios. Menos de duzentos anos depois, o sul foi conquistado pela Babilônia. Os membros da elite de Israel foram deportados, a terra caiu em ruína, o Templo de Deus foi destruído e a linhagem de Davi foi supostamente dizimada. Zedequias, o último rei davídico, foi capturado pelos caldeus e forçado a assistir à execução de cada um dos seus filhos. Em seguida, seus algozes lhe furaram os olhos para que sua última lembrança visual fosse os cadáveres dos próprios herdeiros (cf. 2 Re 25, 7).

Esse foi o fim aparente da Casa de Davi. Diante disso, o que devia o povo de Israel – o povo escolhido por Deus –, oprimido e disperso, tirar das promessas divinas?

Os profetas se mantiveram firmes na esperança. Embora todos os meios humanos parecessem esgotados, o profeta Isaías dizia: *Eis que a mão do Senhor não se encurtou de forma a não poder salvar* (Is 59, 1). Deus instruiu seu povo a aguardar a vinda do Messias.

Este, por sua vez, viria para cumprir o papel de *go'el*, de redentor dos seus. Seria o herói, o guerreiro que resgataria seu povo das aflições e restabeleceria sua honra. Ele chegaria numa família. Chegaria como um *filho*.

Porque um menino nos nasceu, um filho nos foi dado; a soberania repousa sobre seus ombros, e ele se chama: Conselheiro admirável, Deus forte, Pai eterno, Príncipe da paz (Is 9, 5).

Do tronco de Davi nasceria *um renovo, um rebento* (Is 11, 1), um filho que restauraria as riquezas perdidas pelos reis de Israel e Judá. Isaías previu os acontecimentos futuros: *Ouvi, casa de Davi: [...] uma virgem conceberá e dará à luz um filho, e o chamará Deus Conosco* (Is 7, 13-14).

* * *

São Mateus sabia que estava tocando num ponto profundo e envolvente para seus leitores. Essa era a história *deles*, e eles sabiam que se tratava de uma história inacabada, à espera de um final. Cada um dos nomes catalogados por Mateus evocava um episódio dramático conhecido entre os membros da nação cujas origens remontavam a Abraão. À medida que o evangelista avança de uma geração a outra, mencionando pais e filhos, ficamos imaginando a expectativa crescente dos primeiros leitores, a se perguntar: como ele vai resolver a questão do fim da linhagem de Davi?

E, no entanto, ele resolve! Mateus lista catorze gerações *depois do cativeiro da Babilônia* (Mt 1, 12), até chegar finalmente à geração de Jesus.

Sua genealogia inteira é centrada no Rei Davi e estruturada em três conjuntos de catorze gerações: *Portanto, as gerações, desde Abraão até Davi, são catorze. Desde Davi até o cativeiro da Babilônia, catorze gerações. E, depois do cativeiro até Cristo, catorze gerações* (Mt 1, 17). Até o número catorze é um marco da tradição davídica. No modo de escrever hebraico, os números são representados por letras, e o número catorze corresponde às letras que formam o nome de Davi. Mateus elabora toda a parte inicial do seu Evangelho de modo a sinalizar o pertencimento de Jesus à realeza.

Ao começar sua narrativa com uma genealogia, o evangelista manda uma mensagem clara aos seus irmãos judeus, aos cativos remanescentes da descendência de Abraão, que então sofriam enquanto sua Terra Prometida era governada por senhores pagãos. O tempo do Messias havia chegado. Começava ali o reino sem fim do verdadeiro Filho de Davi.

* * *

Uma genealogia é um registro familiar. Em sociedades patrilineares, como é o caso de Israel, a genealogia tradicionalmente estabelece conexões entre pais e filhos; nesse contexto, toda a história e a sociedade em si estão baseadas na família. Mesmo o elo entre reis e seus súditos era visto como um elo familiar, de «osso e carne» (cf. 2 Sam 5, 1). Em Israel, a conexão era mais do que uma metáfora: era geneticamente verdadeira, já que todos os membros da nação alegavam descender de Abraão.

Por meio dos profetas, Deus prometera um «filho de Davi» e «filho de Abraão», e Mateus deixa claro, logo de início, que a promessa havia se cumprido em Jesus.

Não obstante, sua genealogia está repleta de fatos curiosos e de reviravoltas inesperadas que provavelmente foram postas ali para provocar e instigar o leitor. Por exemplo: Mateus inclui mulheres em sua genealogia – Tamar, Raab, Rute e Betsabá (esposa de Urias). Essa prática era incomum, mas já tinha sido usada em outros registros feitos em Israel. Algumas genealogias do Antigo Testamento incluem matriarcas que foram heroínas. O que chama a atenção na genealogia de Mateus são as mulheres que ele escolheu mencionar. As quatro são gentias – estrangeiras, não judias – e três delas estão associadas à imoralidade sexual. Tamar, uma canaanita, teve relações sexuais com seu sogro (cf. Gen 38, 13-18). Raab, também canaanita, era prostituta (cf. Jos 2, 1-24). Rute vinha de Moabe, e os moabitas eram dados à idolatria (cf. Ru 1, 4.15). Mas a mulher que mais chama a atenção na genealogia é Betsabá, a hitita que cometeu adultério com o Rei Davi. Mateus parece colocar ainda mais lenha na fogueira ao não mencioná-la pelo nome, mas sim como «esposa de Urias» (Mt 1, 6), dando assim destaque ao seu pecado!

Qual é a intenção do evangelista ao citar essas mulheres? Mateus parece ter feito aqui uma defesa apologética antecipada. Ao colocar mulheres pagãs de reputação questionável entre os ancestrais de Jesus, ele se antecipa à argumentação daqueles que viriam a questionar suas credenciais messiânicas. Então prossegue sua narrativa e mostra que a ascendência conturbada de Jesus, longe de colocar em dúvida a sua missão, na verdade a confirma.

Já no primeiro século da era cristã, a concepção virginal de Jesus deve ter provocado sorrisos maldosos entre os céticos. Essa pode ser a razão pela qual os incrédulos chamam Jesus de *filho de Maria* no Evangelho de São Marcos (cf. Mc 6, 3). Era costume se referir a um homem como filho de seu pai, a menos que o objetivo fosse colocar em questão essa paternidade.

A gravidez fora do casamento de Maria foi um alvo frequente dos primeiros escritores anticristãos, ainda na antiguidade. No Talmude[1] dos judeus, assim como nos escritos de Celso, filósofo grego e pagão, Maria é acusada de fornicação e adultério[2]. Mateus neutraliza tais críticas ao mostrar que a concepção fora do laço matrimonial não invalida as credenciais de Jesus como Messias; se invalidasse, Salomão, filho primordial de Davi, poderia ser questionado pelo mesmo motivo.

A etnia dessas quatro mulheres ancestrais, por sua vez, é no mínimo tão importante quanto seu sexo. Por incluir gentios, a linhagem de Jesus antecipa o alcance global do Evangelho, que se estende a «todas as nações» (cf. Mt 28, 19). A verdadeira família do Messias – conforme o próprio Jesus viria a revelar depois – não tinha natureza tribal, étnica ou nacional. Ela nasce não *do sangue, nem da vontade da carne, nem da vontade do homem, mas sim de Deus* (Jo 1, 13). Depois de perguntar: *Quem é minha mãe e quem são meus irmãos?*, Ele responde: *Todo aquele que faz a vontade de meu Pai que está nos céus, esse é meu irmão, minha irmã e minha mãe* (Mt 12, 48-50).

Nas linhas iniciais do primeiro Evangelho, Mateus prepara o caminho para uma reformulação radical das relações familiares. O Rei, Messias e Salvador chega como filho, conforme era esperado; ao fazê-lo, no entanto, re-

---

(1) O Talmude é uma compilação das tradições orais relativas ao cumprimento da lei expressa na Torá ou Pentateuco (e por isso é também conhecido como «Torá Oral»), acompanhada pelas opiniões das principais escolas rabínicas sobre a matéria. As tradições orais passaram a ser registradas após a destruição do Templo de Jerusalém em 70 d.C., quando o judaísmo perdeu o seu centro de ensino e discussão das questões religiosas e o povo judeu se espalhou pelo mundo. (N. do E.)

(2) Cf. Peter Schäfer, *Jesus in the Talmud*, Princeton University Press, Princeton, 2007, págs. 15-24. Ver também: Orígenes, *Contra Celso*, 1.28 e 1.32.

voluciona nossas próprias ideias sobre filiação, paternidade, maternidade e família.

E não se tratava apenas de uma discussão acadêmica. A questão da identidade de Jesus (e, portanto, de sua ascendência) exigia uma resposta clara. O dilema criou cisões entre os clãs da Palestina e nos lares onde os judeus se convertiam ao cristianismo. Todos concordavam que Salomão era filho verdadeiro de Davi, a despeito de sua ascendência imperfeita. Será que o mesmo valia para Jesus?

* * *

Leitores mais críticos por vezes apontam «discrepâncias» entre a genealogia descrita por Mateus e aquela descrita por Lucas. De fato, há diferenças entre as duas. Já vimos uma dessas diferenças: Mateus *inicia* seu Evangelho com a genealogia de Jesus; ela é o prelúdio do seu relato sobre a concepção e o nascimento de Cristo. Lucas, por sua vez, apresenta sua genealogia bem mais adiante, no início da vida pública de Jesus.

Outra discrepância é o tamanho da lista. A de Lucas é bem mais longa, totalizando 77 gerações enquanto Mateus relaciona 42.

Os evangelistas também divergem quanto ao método. Mateus traça sua genealogia a partir de Abraão, seguindo até Jesus; Lucas, ao contrário, parte de Jesus. Além disso, em vez de parar em Abraão, Lucas vai listando as gerações até chegar em Adão, o primeiro homem. O propósito disso é bem claro: enquanto Mateus deseja estabelecer as credenciais de Jesus como Messias de Israel, Lucas quer que os gentios o vejam como Salvador do Mundo.

Ao seguir a trilha que leva a Adão, Lucas evoca aquilo que os cristãos viriam a chamar depois de Protoevangelho, ou «Primeiro Evangelho» – a famosa passagem do Gênesis (3, 15) em que Deus misteriosamente prevê «ódio» entre o diabo e a «semente» da mulher. Essa passagem é singular por falar de uma criança específica como «semente» de *uma mulher* (o termo normalmente se aplica à relação entre um filho e seu pai). Os cristãos tradicionalmente veem aqui uma referência a Jesus, que não teve pai biológico. Em toda a história humana, Ele é o único que podia ser verdadeiramente chamado de «semente» de uma mulher. Ao retroceder até esse registro ancestral, Lucas está novamente mostrando que a espera por um salvador não é exclusiva de Israel, mas se estende a toda a humanidade.

As maiores divergências entre Mateus e Lucas aparecem nos relatos dos evangelistas sobre as gerações entre Davi e Jesus. Até esse ponto, as duas genealogias são muito próximas; a partir daí, no entanto, são quase totalmente diferentes. A divergência começa imediatamente depois de Davi. Mateus traça a linhagem de Jesus passando por Salomão, que foi herdeiro do trono de Davi. Lucas passa por Natã, um dos filhos mais velhos de Davi. Depois disso, as genealogias só têm dois nomes em comum: Salatiel e Zorobabel.

Mesmo os cristãos mais antigos já se questionavam sobre as diferenças entre as abordagens de Mateus e Lucas, e os primeiros Padres da Igreja estavam entre os comentadores que propunham possíveis soluções para o impasse. No começo do século IV d.C., o bispo e estudioso Eusébio abre o livro *Das discrepâncias entre os Evangelhos* promovendo uma extensa discussão sobre as genealogias. Boa parte do material explorado por Eusébio veio do viajante e historiador Sexto Júlio Africano, que vivera cem anos antes[3].

Vários santos e estudiosos afirmam que Lucas passa por Maria, mãe de Jesus, ao traçar sua genealogia; Mateus, por outro lado, passa por José, pai adotivo de Jesus. Essa hipótese é plausível, uma vez que corresponde à perspectiva mantida pelos evangelistas ao longo de suas narrativas sobre a infância de Cristo. Mateus constantemente apresenta o ponto de vista de José – suas intenções, seus sonhos, etc. Já Lucas se atém à história de Maria, da Anunciação em diante. Antes mesmo de lermos a história da Anunciação, as duas primeiras pessoas que conhecemos são Zacarias e Isabel, parentes de Maria.

Outros apontam, ainda, que a genealogia de Mateus enfatiza a *realeza* de Jesus, enquanto que a de Lucas mantém o foco em seus ascendentes sacerdotais. Isso novamente corresponde às características gerais de cada Evangelho. Em Mateus, Jesus é frequentemente saudado como «Filho de Davi». Já o Evangelho de Lucas abre nas imediações do Templo, em meio ao drama de uma família sacerdotal, e o tema do sacrifício se repete constantemente em seu relato sobre a vida de Jesus (de fato, Lucas é representado na arte católica pelo touro, animal que costumava ser oferecido em ritos sacrificiais).

Essas duas abordagens não são contraditórias, e podem, inclusive, ser complementares.

Historiadores encontraram ainda outras maneiras de acomodar as divergências entre Mateus e Lucas. É pos-

---

(3) Cf. Eusébio de Cesareia, *Questões e soluções evangélicas*. Edição em inglês coordenada por Roger Pearse: *Gospel problems and solutions*, Chieftain Publishing, Ipswich, 2010.

sível que alguns dos antepassados tivessem mais de um nome (Salomão, por exemplo, também era chamado de Jedidias; cf. 2 Sam 12, 24-25), razão pela qual podem ter sido registrados de maneiras diferentes pelos evangelistas. Outros antepassados podem ter tido dois pais (um biológico e um adotivo), e, com isso, é possível que tenham sido listados com nomes diferentes em cada Evangelho.

Não seria difícil encher um livro inteiro só com as várias hipóteses e soluções especulativas baseadas nas diferenças entre as duas genealogias conflitantes do Novo Testamento. Há um certo tipo de estudioso que considera esse material fascinante, e devo confessar que faço parte desse grupo. Mas sei que a maioria das pessoas não faz.

Frequentemente, esperamos que os evangelistas se comportem como profissionais modernos em seus respectivos campos de atuação. Se escrevem como historiadores, por exemplo, queremos que nos forneçam as fontes de cada uma de suas afirmações e queremos ter a possibilidade de checá-las. Se, por outro lado, fazem uma genealogia, queremos que o formato de seu registro corresponda ao formato de um livro que um amigo meu comprou para a família e que relaciona exaustivamente cada geração desde que seu primeiro ancestral chegou à costa americana no século XVII. Ora, esse livro cobre apenas quatrocentos anos e, mesmo assim, é quase tão volumoso quanto o dicionário que uso no meu escritório. Imagine-se a quantidade de material que Mateus e Lucas teriam de nos fornecer para cobrir milhares de anos desde os patriarcas até Jesus!

Mas não era esse o objetivo dos evangelistas quando fizeram suas genealogias. Eles não queriam elaborar uma descrição totalmente exata, mas sim apresentar a forma de uma progressão histórica. Mateus faz isso em três movimentos simétricos: primeiro, os patriarcas; depois, os reis; por último, os cidadãos comuns. A própria forma dessa genealogia, portanto, demonstra que Deus foi se aproximando dos homens mais humildes numa trajetória descendente. E que melhor maneira de introduzir a história de um Rei Messias que nascera num estábulo? Embora Mateus e Lucas tenham escrito relatos verdadeiros sobre a família de Jesus, nenhum dos dois pretendia cobrir todos os detalhes possíveis.

Ambos os evangelistas, no entanto, conseguiram estabelecer a identidade de Jesus, e o fizeram ao estabelecer suas relações familiares. Ele é Rei e Messias. Ele é Sumo Sacerdote e Redentor de Israel. Ele é o agente de uma nova criação. E Ele é tudo isso porque, em primeiro lugar, é o Filho.

Capítulo 4
O falso reino

Quando fez seu famoso discurso «*I Have a Dream*» («Eu tenho um sonho»), em 1963, Martin Luther King Jr. não defendeu um ponto de vista. Transmitiu uma mensagem, e o fez em termos fortes e expressivos. Sem interromper seu discurso para mencionar suas fontes, o americano invocou hinos populares e religiosos, os profetas bíblicos Amós e Isaías, a Declaração de Independência dos Estados Unidos, a Constituição Americana e a Proclamação de Emancipação de Abraham Lincoln. Fez citações e paráfrases. Em alguns momentos, usou apenas uma palavra, um nome ou uma imagem. Nada disso exigia explicação ou contextualização. Martin Luther King Jr. tomava de empréstimo a carga emocional de várias fontes culturais comuns, o tipo de coisa que *todo mundo sabia*[1].

Mateus se apoiou em referências culturais semelhan-

---

(1) Dale C. Allison Jr., estudioso do Novo Testamento, argumenta nesse sentido ao analisar os discursos de Martin Luther King Jr. em *Scriptural allusions in the New Testament: Light from the Dead Sea Scrolls*, BIBAL Press, North Richland Hills, 2000, págs. 1-3.

tes ao compor seu primeiro capítulo. A história de Israel, os oráculos dos profetas, a expectativa pela vinda do Messias, as condições nas quais essa vinda ocorreria: esses eram detalhes que todos os habitantes da Palestina no primeiro século *sabiam*.

O Novo Testamento transmite a sensação de uma expectativa prestes a se cumprir. No tempo de Jesus, os judeus acreditavam que a vinda do Messias era iminente. Podia ocorrer a qualquer momento. Isso é visível não apenas na maneira como as multidões seguiam Jesus, mas também no fato de que elas atentavam a outros que se diziam Messias. Nos Atos dos Apóstolos, o grande rabino Gamaliel menciona dois:

> *Faz algum tempo apareceu um certo Teudas, que se considerava um grande homem. A ele se associaram cerca de quatrocentos homens: foi morto e todos os seus partidários foram dispersados e reduzidos a nada. Depois deste, levantou-se Judas, o galileu, nos dias do recenseamento, e arrastou o povo consigo, mas também ele pereceu e todos quantos o seguiam foram dispersados* (At 5, 36-37).

Há outros autores judeus do primeiro século que nomeiam candidatos a Messias. O historiador Flávio Josefo, por exemplo, cita mais de dez deles. Todos viveram no tempo de Jesus, ou num tempo bem próximo. Trata-se de um número notável de salvadores, considerando-se que apareceram num território do tamanho de Nova Jersey, com uma população provavelmente muito menor do que a população de Nova Jersey nos dias atuais[2].

---

(2) O estado americano de Nova Jersey possui uma extensão territorial comparável à do estado brasileiro de Sergipe. (N. do E.)

A expectativa era palpável. Permeia os documentos daquele período que sobreviveram ao tempo. Para a comunidade que preservou os Manuscritos do Mar Morto, essa expectativa era praticamente uma obsessão. Seus membros faziam planos meticulosos de adoração ritual no tempo do Messias; esboçavam estratégias de batalha para quando ele os fosse liderar na reconquista das terras que formavam o patrimônio tradicional de Israel (isto é, a totalidade da Terra Prometida).

A expectativa pela vinda do Messias também aparece nos antigos targumim[3], que são traduções expandidas da Bíblia hebraica para o aramaico. São mais como paráfrases, e boa parte do material adicional diz respeito ao Messias; como ele viria da tribo de Judá e da linhagem do Rei Davi; como ele derrotaria os pagãos que oprimiam Israel; como ele restabeleceria o Templo e julgaria a todos, enviando os malignos ao inferno (*Geena*) e os justos ao paraíso.

Os targumim refletiam as expectativas do momento ao mesmo tempo que as reforçavam. Provavelmente eram lidos em voz alta nas sinagogas durante o sabá e nos dias santos. Serviam de combustível para as preces das famílias de Israel.

---

(3) Sobre a noção de «Messias» nos targumim referentes ao Novo Testamento, ver: Craig A. Evans, *From Jesus to the Church: the first Christian generation*, Westminster John Knox, Louisville, 2014, págs. 39-44; Craig A. Evans, «Early Messianic Traditions in the Targums». *Jesus and His Contemporaries: Comparative Studies*, Brill, Leiden, 2001, págs. 155-181; Joseph A. Fitzmyer, *The One Who Is to Come*, Eerdmans, Grand Rapids, 2007, págs. 46-78; Martin McNamara, *Palestinian Judaism and the New Testament*, Michael Glazier, Wilmington, 1983, págs. 205-52; Samson H. Levey, *The Messiah: An Aramaic Interpretation: The Messianic Exegesis of the Targum*, Hebrew Union College Press/Jewish Institute of Religion, Cincinnati, 1974.

* * *

A espera pelo Messias era ainda mais intensa nos séculos imediatamente anteriores à vinda de Cristo. As pessoas acreditavam que o tempo do cumprimento da profecia estava próximo, e aparentemente tinham boas razões para alimentar esperanças.

A dinastia asmoneana governou a Judeia de 140 a.C. a 37 d.C. Sob João Hircano, o reino judeu conquistou o território da Idumeia (o Edom bíblico), que ficava ao sul, perto do Mar Morto. João Hircano exigiu que os edomitas observassem a lei judaica ou partissem em exílio. Isso significava que todos teriam de se submeter a um rígido controle alimentar e que os homens teriam de ser circuncidados. A maioria dos edomitas aceitou esses termos e ficou (embora nunca tenham sido aceitos como «judeus de verdade» pelos fariseus ou por outros membros da elite religiosa).

Mesmo assim, os edomitas conseguiram se tornar cada vez mais influentes, sobretudo ao negociarem acordos com Roma, e depois se consolidaram como uma grande potência mundial.

Dos edomitas surgiu um homem a dar sinais de que queria (e podia) restaurar as fortunas de Israel nos termos da aliança firmada entre Deus e Davi. Seu nome era Herodes. Os historiadores se referem a ele como Herodes, o Grande.

Nomeado «Rei dos Judeus» por volta de 40 a.C., Herodes levou adiante as conquistas iniciadas pelos asmoneanos, recuperando quase todo o território que havia pertencido a Israel no tempo da monarquia davídica. Ele tentou com todas as forças se aproximar da descrição do «filho de Davi». Assim como Salomão havia construído o primeiro Templo, Herodes construiu o segundo, desta vez em escala épica.

Herodes era um estrategista habilidoso. Inicialmente, aliou-se a Marco Antônio e Cleópatra, mas mais tarde rompeu com os dois e conseguiu se aproximar de Otaviano (Augusto), que se opunha a ambos e estava prestes a vencer. E o povo judeu prosperou. Herodes fundou novas cidades e deu início a projetos arquitetônicos extravagantes. Com o apoio militar de seus patronos romanos, pôde trazer certa paz, estabilidade e segurança à região.

Herodes fez questão de demonstrar sua observância religiosa. Era escrupuloso em relação às restrições da dieta judaica, por exemplo. Além disso, embora tivesse acabado de começar a reconstrução do templo, seu projeto tinha intenção de ser espetacular; apenas sacerdotes – pessoas cujas mãos tinham sido consagradas religiosamente – podiam trabalhar nele.

Mesmo assim, aos olhos das elites, Herodes ainda era um gentio, um edomita, e, por isso, nunca poderia ser mais do que um monarca provisório para os judeus. Ele, por sua vez, sabia que os judeus o tinham tolerado apenas porque haviam prosperado sob seu reinado. O rei até tentou manipular a opinião pública ao destituir o sumo sacerdote de Jerusalém e dar o cargo a seu sogro, mas isso só piorou a situação.

Sua insegurança o consumia e o levava a suspeitar de todos. Embora seus feitos tenham lhe rendido o título de «Grande», Herodes era, segundo os relatos de seus contemporâneos, um rei insano. Planejou o assassinato de sua própria esposa, Mariana, e de três de seus filhos – Alexandre, Aristóbulo e Antipas – por medo de que eles estivessem conspirando para derrubá-lo. Suas desconfianças paranoicas frequentemente levavam à eliminação simultânea de múltiplos alvos. Chegou a mandar crucificar centenas de supostos conspiradores ao longo de uma estrada movimentada, e ordenou que seus corpos fossem deixados apodrecer ali por semanas.

A respeito do comportamento de Herodes, um homem que exibia grande devoção religiosa ao mesmo tempo em que era absurdamente sádico e cruel, César Augusto diria: «É melhor ser porco de Herodes do que ser seu filho»[4]. Um porco, supõe-se, estaria a salvo de um rei que segue a dieta kosher.

A despeito disso, Herodes era uma espécie de gênio, um gênio sórdido. Seus feitos impressionam: recompôs a Terra Prometida, reintegrou as tribos que haviam se misturado aos pagãos e promoveu a reconstrução do Templo. Nessas realizações, muitas das profecias pareciam se cumprir e as condições para o anúncio do Messias indicavam ser ideais.

E, de fato, havia muita especulação sobre esse assunto em Jerusalém. De acordo com um dos relatos históricos, os sacerdotes do Templo haviam concluído, com base em seus estudos sobre o profeta Daniel, que o tempo do Messias havia chegado. Segundo eles, as setenta semanas (ver Dan 9) haviam se esgotado. Ao longo dessa investigação, os sacerdotes analisaram cada um dos candidatos e logo de cara eliminaram Herodes.

Eles lamentavam e manifestavam pesar entre si; não ousavam fazê-lo abertamente por medo de Hero-

---

(4) Macrobius, *Saturnalia*, 2, 4, 11.

des e de seus aliados. Diziam: «Nossa Lei proíbe que tenhamos um rei estrangeiro»[5].

O rei, claro, ficou sabendo desse juízo e ordenou que os sacerdotes fossem executados.

Também havia quem questionasse se Herodes era Filho de Davi. Afinal de contas, se até Salomão, filho autêntico de Davi, teve seus defeitos – caiu em pecado por idolatria, poligamia, taxação opressiva e profunda desobediência a Deus –, será que o novo filho de Davi não poderia ser perdoado por seus eventuais rompantes homicidas?

Havia ainda um outro corolário perigoso que derivava das especulações messiânicas do primeiro século. Se Herodes *não era* o Ungido, seria ele talvez um precursor, alguém enviado por Deus para preparar o caminho e depois sair de cena?

É bem possível que Herodes suspeitasse disso, e esperasse que o verdadeiro «filho de Davi» fosse chegar a qualquer momento. E o que isso significaria para o rei atual?

Parecia haver uma consciência profunda e ansiosa, compartilhada por todos, dos reis aos sacerdotes, de que o tempo do Messias estava próximo.

A expectativa tocava inclusive o mundo pagão. O poeta romano Virgílio viu na ascensão de César Augusto a realização das esperanças e dos medos acumulados ao longo dos anos. Em sua quarta écloga, ele faz uma oração

---

(5) A passagem aparece na versão eslava da obra *Guerra dos judeus*, 1.370, de Flávio Josefo, ele próprio, um judeu do primeiro século. É corroborada na antiguidade pelo historiador cristão Eusébio e por Santo Epifânio, que provavelmente tiveram acesso ao texto original em grego.

à deusa protetora do parto para que ela abençoe o futuro imperador quando ele nascer:

> Tu, casta Lucina, favorece o menino que nasceu há
> [pouco;
> por causa dele, a época de ferro desaparecerá
> e a geração de ouro surgirá no mundo. [...]
> A glória desta idade avançará, e os grandes meses
> [começarão a correr.

Em seguida, Virgílio diz:

> Se permanecem alguns vestígios de nossos crimes,
> serão apagados e libertarão a terra de um pavor
> [eterno.

E conclui:

> Ele receberá a vida dos deuses [...]
> e regerá com as virtudes paternas o universo paci-
> [ficado[6].

Era quase como se o mundo todo sentisse, ainda que vagamente, que estava prestes a testemunhar um momento crucial da história. Era quase como se as pessoas já estivessem buscando uma explicação para um evento inevitável.

Mesmo as inteligências angelicais devem ter sentido que algo estava para acontecer. E se os Anjos caídos foram capazes de detectar a iminência da intervenção divina, é

---

(6) Virgílio, Quarta Écloga. Tradução de Zélia de Almeida Cardoso publicada em Maria da Glória Novak; Mária Luiza Neri (orgs.), *Poesia lírica latina*, Martins Fontes, São Paulo, 1992.

de se imaginar que tenham semeado suas distrações em pontos específicos da história, sugerindo um falso cumprimento das profecias por figuras proeminentes, como reis e imperadores.

Enquanto isso, durante a fase tardia do reinado de Herodes, num recôndito pacato da cidade de Israel, chegava o Messias.

Um dos primeiros autores cristãos cujos escritos chegaram até nós, Santo Inácio de Antioquia, nos diz que a vinda do Cristo, «envolta em silêncio», permaneceu «oculta ao príncipe deste mundo»[7].

Mas não permaneceria oculta a Herodes por muito tempo.

---

(7) Santo Inácio de Antioquia, *Carta aos Efésios*, 19.

Capítulo 5
Maria: causa da nossa alegria

Ela inspirou algumas das maiores obras de arte na poesia, na música, na pintura, na escultura e na arquitetura. É dela o poder expressivo que dá vida à *Pietà*, de Michelangelo. Em sua homenagem, os arquitetos da Idade Média ergueram as grandes catedrais de Chartres e Notre Dame. A Capela Sistina foi dedicada à sua memória. Inúmeras vozes proclamaram seu nome na «Ave Maria» de Schubert e na de Bach. Ela e seu filho divino estão no centro da *Madonna Sistina*, de Rafael, e é também ela o tema principal de algumas das maiores obras de arte produzidas por Giotto, Duccio, Cimabue e Leonardo da Vinci, bem como pelos mais modernos Picasso e Dalí.

A Igreja a invoca sob centenas de títulos, alguns poéticos, outros teologicamente técnicos. Ela é a Virgem Santa, a Mãe de Deus, a Rainha dos Anjos, a Senhora da Imaculada Conceição, o Refúgio dos Pecadores, a Consoladora dos Aflitos, a Rosa Mística...

Todos esses títulos e registros culturais nos formaram

enquanto cristãos e deram forma às nossas impressões sobre Maria. São como o ouro usado por alguns dos primeiros cristãos para fazer as arcas que guardavam as relíquias da cruz. São belos e apropriados, mas podem ter o efeito indesejado de obscurecer aquilo que originalmente tencionavam glorificar.

A Cruz que nos trouxe a salvação era feita de madeira comum. Da mesma forma, a Arca da Nova Aliança, o receptáculo da graça, a jovem que carregou consigo nosso Salvador desde o momento em que Ele desceu dos céus era, em muitos sentidos, uma menina comum, vinda de um lugar sem grande importância.

Se queremos conhecer a Virgem Santa como ela realmente é, temos que nos colocar em posição de vê-la como ela era – antes que todos conhecessem a magnitude de sua glória – enquanto crescia e se tornava adulta numa vila poeirenta chamada Nazaré.

* * *

Nazaré é hoje a maior cidade no distrito norte de Israel. Lá moram aproximadamente 250 mil pessoas. No primeiro século antes de Cristo, no entanto, a vila provavelmente não tinha mais do que algumas poucas centenas de habitantes, a maioria dos quais vivia em cavernas escavadas nas encostas rochosas da região. É certo que Nazaré se beneficiou economicamente das construções executadas por Herodes nas proximidades, mas a vila, ainda assim, mal causava alguma impressão nas pessoas de fora. É provável que o comentário feito por Natanael a Felipe no começo do Evangelho de João tivesse aquele tom típico de um citadino ao se referir a uma vila isolada: *Pode, porventura, vir coisa boa de Nazaré?* (Jo 1, 46).

A raiz da palavra Nazaré parece ser o termo hebraico *nezer*, que significa rebento, broto. Não se sabe como a vila ganhou esse nome. Os cristãos, no entanto, viram em Nazaré o cumprimento de uma das profecias messiânicas de Isaías: *Um renovo sairá do tronco de Jessé, e um rebento brotará de suas raízes* (Is 11, 1). Como Jessé era pai do Rei Davi, o termo «tronco» claramente simboliza sua árvore genealógica, que havia sido reduzida a quase nada. Do tronco sairia um renovo, o Filho de Davi, que, de acordo com os versículos seguintes, seria repleto do Espírito Santo e daria início a uma era de paz não apenas para Israel, mas também para os gentios. Afirma o profeta: *Naquele tempo, o rebento de Jessé, posto como estandarte para os povos, será procurado pelas nações e gloriosa será a sua morada* (Is 11, 10).

Hoje, o lugar mais importante de Nazaré é a Basílica da Anunciação, construída sobre a «gruta venerada», a humilde caverna que foi lar de Maria, Mãe de Jesus, durante sua infância. No altar da igreja, há uma inscrição em latim: *Verbum caro hic factum est*, «Aqui, o Verbo se fez carne».

Foi *ali*, numa caverna muito limpa e bem cuidada, que «o Anjo do Senhor anunciou a Maria, e ela concebeu do Espírito Santo».

Temos poucas informações exatas acerca da infância de Maria. O que sabemos é aquilo que podemos depreender da leitura cuidadosa de suas palavras, tal como registradas nos Evangelhos. Essas palavras deixam claro que ela cresceu num lar devoto. Conhecia a Sagrada Escritura de Israel, os livros que hoje conhecemos como Antigo Testamento, e podia citá-los e aludir a eles com facilidade. É improvável que tenha tido livros; a maior parte do seu conhecimento sobre a Bíblia vinha do que ela ouvia na sinagoga e de conversas com familiares e amigos durante o jantar. Tinha o hábito de rezar; não gaguejou e não hesitou ao conversar com um Arcanjo.

Na arte, Maria frequentemente aparece trabalhando, e essa representação é, de fato, verdadeira. A vida doméstica naquela época envolvia mesmo muito trabalho. Não havia aparelhos que facilitassem as tarefas mais comuns – cozinhar, limpar, lavar roupas –, de modo que essas coisas exigiam grande dedicação.

Quando a encontramos nos Evangelhos, Maria já estava «desposada» com um homem. Provavelmente, estava na pré-adolescência; talvez tivesse apenas treze anos. A expectativa de vida era de trinta anos para os homens e ainda mais baixa para as mulheres. As meninas em geral se casavam em matrimônios arranjados pouco depois da puberdade e da menarca. Os homens com os quais se casavam eram, em geral, apenas alguns anos mais velhos do que elas, e tinham se provado capazes de sustentar uma família.

* * *

Sabemos também que Maria tinha uma relação muito próxima com Zacarias e Isabel, que eram seus parentes. Não sabemos ao certo qual era o grau de parentesco entre eles; é possível que os dois fossem primos de Maria, ou mesmo seus tios. Seja como for, o vínculo familiar existia, muito embora o casal morasse mais de 140 quilômetros ao sul de Nazaré, na vila de Ain Karim. Quando soube que Isabel estava grávida, Maria quis imediatamente lhe oferecer ajuda, e por isso fez a árdua viagem *às pressas* (Lc 1, 39).

Há várias explicações para a intimidade entre Maria e o casal formado por Isabel e Zacarias. É possível, por exemplo, que o casal sempre tenha morado em Ain Karim; nesse caso, Maria pode tê-los conhecido das peregrinações que sua família fazia à região próxima de Jerusalém três vezes por ano (por ocasião do *Pessach*, do *Shavuot* e do *Sucot*[1]). Também pode ser que Zacarias e Isabel tenham inicialmente vivido em Nazaré, e que depois tenham se mudado para Ain Karim para estar mais perto de Jerusalém, onde Zacarias cumpria seus deveres sacerdotais.

Como sacerdote, Zacarias ocupava um cargo hereditário reservado aos homens da tribo de Levi. Apenas os sacerdotes levíticos podiam conduzir os ritos e oferecer sacrifícios no Templo. Os levitas não tinham território próprio; espalhavam-se pelas terras de outras tribos. Os homens davam início à sua trajetória sacerdotal na fase adulta, e se organizavam em 24 divisões diferentes. Cada uma dessas divisões atuava durante um certo período do ano, num sistema de revezamento. Muitas famílias sacerdotais, como a de Zacarias, escolheram viver perto de Jerusalém em razão do ministério exercido por um de seus membros.

---

(1) As três festas de peregrinação, em que os judeus iam até o Templo de Jerusalém levar suas oferendas aos sacerdotes, que, por sua vez, as ofereciam ritualmente a Deus. *Pessach* é a «Páscoa judaica», em que se celebra a libertação do povo hebreu da escravidão no Egito. *Shavuot* é a festa das semanas, em que se comemoram as sete semanas que se passaram entre a fuga do Egito e a entrega da Lei no Sinai; por coincidir com o início da colheita do trigo e com a oferta dos primeiros frutos dela no Templo, também é chamada de Festa da Colheita e Festa das Primícias. *Sucot* é a Festa dos Tabernáculos, e recorda as tendas em que os judeus habitavam durante os quarenta anos de peregrinação no deserto até chegarem à Terra Prometida. (N. do E.)

Segundo uma antiga tradição, a própria Maria chegou a desempenhar uma função no Templo. Se isso for verdade, ela pode ter ficado na casa de seus parentes durante esse período.

E qual seria essa função? O *Protoevangelho de Tiago*, escrito provavelmente por volta de 125 d.C., afirma que entre os três e os doze anos de idade «Maria esteve no templo do Senhor como uma pomba em seu ninho, e recebeu alimento das mãos de um Anjo». O texto retrata Maria realizando tarefas menores (buscando água, por exemplo), mas também trabalhos manuais especializados. Ela é escolhida, por exemplo, dentre as virgens consagradas de Israel para tecer o intrincado véu que guardava o santo dos santos no Templo[2].

Mesmo tendo sido escrito depois dos Evangelhos, o *Protoevangelho* é um dos mais antigos documentos cristãos de que se tem notícia. Não possui a autoridade nem o estilo discreto dos Evangelhos canônicos, mas nos diz muito sobre o que os cristãos pensavam a respeito da Santa Virgem, bem como sobre as tradições que conservavam numa época não muito distante daquela em que Maria viveu. Além disso, muitos dos detalhes contidos no *Protoevangelho* são bastante críveis, ao contrário do que pode acabar sugerindo o estilo grandiloquente do documento.

A Torá, afinal, fala sobre «mulheres que serviam à entrada da tenda do encontro», que, por sua vez, antecedeu historicamente o Templo de Israel (cf. Ex 38, 8). A mesma imagem aparece séculos depois, durante o tempo de Eli (cf. 1 Sam 2, 22). O Segundo Livro de Macabeus, escrito no século II a.C., confirma outro detalhe do *Pro-*

---

(2) *Protoevangelho de Tiago*, 8, 10.

toevangelho ao falar sobre as virgens consagradas que viviam enclausuradas no Templo e dedicavam-se à oração (2 Mac 3, 19-20). De maneira análoga, o *Apocalipse de Baruc*, provavelmente escrito em hebraico no século I d.C., fala sobre as «virgens que tecem linho e seda com ouro de Ofir»[3].

Sabemos que Maria possuía ligações familiares com sacerdotes de Jerusalém. Também sabemos, por meio de diversos relatos, que jovens mulheres se dedicavam à oração no Templo. Nossas fontes atestam a existência desse costume nos tempos de Moisés, Davi e Jesus.

Podemos, portanto, constatar ao menos a *possibilidade* de que Maria tenha passado parte de sua juventude no Templo, conforme afirmam os relatos apócrifos, e que ela tenha sido consagrada para exercer essa função.

Seja como for, é possível afirmar com certeza que Maria, tendo vivido na casa do sacerdote Zacarias, estava familiarizada com muitos dos costumes relacionados à prática sacerdotal. As tradições do Templo de Jerusalém devem ter influenciado sua devoção, e, por extensão, a devoção do lar que ela administrou como esposa e como mulher.

* * *

O aspecto mais controverso do trabalho no Templo (e do papel especial de Maria na história do Messias) é a virgindade. Conforme mencionamos no capítulo sobre a genealogia de Jesus, os não cristãos questionaram a castidade e a honra de Maria já no primeiro e no segun-

---

(3) *Apocalipse de Baruc* (2 Baruc) 10, 19.

do séculos da era cristã. Para defendê-la, o autor do *Protoevangelho de Tiago* chegou a invocar o testemunho de uma parteira.

A virgindade de Maria tinha clara importância para os primeiros cristãos. O Evangelho de São Mateus a apresenta como cumprimento da profecia messiânica de Isaías: *Tudo isto aconteceu para que se cumprisse o que o Senhor falou pelo profeta: Eis que a Virgem conceberá e dará à luz um filho, que se chamará Emanuel, que significa: Deus conosco* (Mt 1, 22-23, citando Is 7, 14).

Mateus cita o oráculo tal como este aparece na Septuaginta, a mais antiga tradução do Antigo Testamento para o grego, concluída entre os séculos II e III a.C. Por que esse fato é importante? Porque a Septuaginta traduz o termo hebraico *almah* pelo vocábulo grego *parthenos* – virgem –, ao passo que as traduções judaicas posteriores à vinda de Cristo o traduzem por «jovem mulher». Isso levou São Justino e Santo Ireneu de Lyon, ambos de meados do século II d.C., a acusar os judeus da época de alterar a Sagrada Escritura para fomentar suas polêmicas anticristãs[4].

A palavra *almah* pode ser traduzida tanto como «virgem» quanto como «jovem mulher». A terminologia utilizada em outras línguas reflete essa ambiguidade (como se observa no termo alemão *jungfrau*, por exemplo). Mas qual era a intenção original de Isaías? Como os judeus do século I a.C. interpretavam o oráculo?

Não podemos ler a mente de Isaías, mas podemos ler o contexto da profecia que ele registrou. A passagem

---

(4) Ver: São Justino Mártir, *Diálogo com Trifão*, 43; Santo Irineu de Lyon, *Adversus haereses*, 3, 21. Ver também: Orígenes, *Contra Celso*, 35.

abre com um desafio: *Pede ao Senhor teu Deus um sinal, seja do fundo da habitação dos mortos, seja lá do alto* (Is 7, 11). Aqui, ele parece falar sobre um sinal extraordinário, algo indiscutivelmente milagroso. Uma virgem gestante seria, de fato, um acontecimento sem precedentes. Uma «jovem mulher» gestante, por outro lado, seria algo corriqueiro e sem grande expressão, em comparação com outros sinais divinos.

Por essa razão, o mais provável é que possamos confiar na autoridade da Septuaginta, que foi considerada semioficial entre os judeus da diáspora e que não sofreu influência das disputas posteriores entre cristãos e judeus.

A maternidade virginal de Maria é um sinal divino, e não uma declaração de que o sexo é algo maligno, conforme argumentaram alguns dos hereges. É uma garantia da paternidade de Deus, uma afirmação de que Deus é o único pai *possível* de Jesus. Ao mesmo tempo, é um reconhecimento do *status* especial de Maria como mãe do Messias. Ela era, enquanto tal, o receptáculo do divino. Seu corpo era, em certo sentido, como os recipientes de ouro usados nas cerimônias do Templo. Era proibido usar tais cálices e pratos mesmo nos banquetes reais mais nobres. Da mesma forma, o útero de Maria, depois de ter abrigado o Salvador, não podia abrigar bebês comuns, não importava quão nobres e abençoados fossem.

A perpétua virgindade de Maria era apropriada ao seu papel único na história da salvação. É interessante notar que, para os primeiros cristãos, ela era «a Virgem», como se detivesse um direito especial sobre o uso do termo, e por isso mesmo fosse necessário usar o artigo definido. É a mesma construção gramatical encontrada nos mais antigos manuscritos hebraicos de Is 7, 14.

* * *

Mas a virgindade de Maria foi uma escolha? Ela já tinha entregado a sua vida a Deus quando foi visitada pelo Anjo?

De fato, o diálogo entre o Anjo e Maria é bastante curioso:

> No sexto mês, o anjo Gabriel foi enviado por Deus a uma cidade da Galileia, chamada Nazaré, a uma virgem desposada com um homem que se chamava José, da casa de Davi, e o nome da virgem era Maria. Entrando, o anjo disse-lhe: Ave, cheia de graça, o Senhor é contigo. Perturbou-se ela com estas palavras e pôs-se a pensar no que significaria semelhante saudação. O anjo disse-lhe: Não temas, Maria, pois encontraste graça diante de Deus. Eis que conceberás e darás à luz um filho, e lhe porás o nome de Jesus. Ele será grande e chamar-se-á Filho do Altíssimo, e o Senhor Deus lhe dará o trono de seu pai Davi; e reinará eternamente na casa de Jacó, e o seu reino não terá fim. Maria perguntou ao anjo: Como se fará isso, pois não conheço homem? Respondeu-lhe o anjo: O Espírito Santo descerá sobre ti, e a força do Altíssimo te envolverá com a sua sombra. Por isso o ente santo que nascer de ti será chamado Filho de Deus (Lc 1, 26-35).

Na pergunta feita por Maria, o verbo «conhecer» corresponde ao termo usado comumente em hebraico para fazer referência ao ato sexual. No Gênesis, lemos: *Caim conheceu sua mulher. Ela concebeu e deu à luz Henoc. [...] Adão conheceu outra vez sua mulher, e esta deu à luz um filho, ao qual pôs o nome de Set* (Gen 4, 17.25). Até hoje se usa a expressão «conhecimento carnal» como um termo educado referente às relações sexuais.

A conexão entre «conhecer» e «conceber» era tão clara na Torá como na vida cotidiana dos judeus. Qual era, então, o sentido da pergunta de Maria? O Anjo lhe havia dito que ela conceberia um filho, e ela não entendeu como aquilo podia acontecer. Ela não tinha feito o que sabia ser um prerrequisito para engravidar.

Ocorre que Maria não era ignorante a respeito dos fatos da vida humana. Ela realmente queria saber como o anúncio do Anjo Gabriel se cumpriria. Lendo a passagem, Santo Agostinho observa:

> É certo que Maria não teria dito isso a menos que tivesse feito seu voto de virgindade perante Deus. [...] É certo que, sendo mulher, não teria perguntado como poderia dar à luz o filho prometido se seu casamento com José incluísse o propósito da relação sexual[5].

De acordo com a tradição cristã, Maria permaneceu sempre virgem, antes e depois do nascimento de Jesus. Mesmo antes da concepção, ela pode ter identificado uma vocação especial para a virgindade consagrada. Já vimos que esse tipo de compromisso, embora fosse raro no judaísmo, tinha amplos precedentes. Falemos um pouco mais sobre isso.

* * *

O celibato pode ter sido mais comum naquela época do que admitem os estudiosos modernos (e os primeiros adversários do cristianismo). Analisemos as fontes.

---

(5) Santo Agostinho, *Sobre a santa virgindade*, 4.

O judaísmo do primeiro século é um tema enigmático e obscuro. Nossas fontes primárias de conhecimento sobre o período são: os escritos de Fílon de Alexandria, filósofo judeu que vivia no Egito; as histórias de Josefo, autor que já mencionamos antes; os Manuscritos do Mar Morto, produzidos por uma seita judaica; e os documentos do Novo Testamento.

Fílon dá pelo menos dois exemplos de judeus que observavam o celibato. Em sua *Apologia dos judeus*, ele fala sobre a seita dos chamados essênios: «Os essênios baniram o casamento e ordenaram a prática da castidade absoluta»[6]. Segundo os relatos disponíveis, os membros dessa seita parecem ter vivido na Palestina, concentrando-se sobretudo na região desértica próxima ao Mar Morto. Em seu tratado *A vida contemplativa*, Fílon também descreve outra seita judaica, a dos terapeutas, que podem ter tido alguma relação com os essênios. Os terapeutas prosperaram no Egito e também pareciam praticar o celibato e a abstinência.

O historiador Josefo discorreu longamente sobre os essênios e registrou que «eles desprezam o casamento»[7] e «não tomam esposas para si»[8].

Até os gentios observaram a presença do celibato entre os essênios. O naturalista romano Plínio, o Velho, que escreveu no século I d.C., gracejou que os habitantes do deserto viviam sem esposa, «renunciando totalmente ao amor [...] e tendo apenas as tamareiras por companhia»[9].

---

(6) Fílon, *Apologia dos judeus*, 14.
(7) Josefo, *Guerra dos judeus*, 2, 120.
(8) Josefo, *Antiguidades judaicas*, 18, 21.
(9) Plínio, o Velho, *História natural*, 5, 73.

Vale notar que alguns judeus bem conhecidos do século I d.C. também observaram o celibato, como é o caso de João Batista, Jesus e São Paulo. Ninguém achou João estranho por renunciar ao casamento, só por sua dieta à base de gafanhotos e suas roupas de pele de camelo. Também é interessante que São Paulo tenha dedicado parte da sua Primeira Epístola aos Coríntios (capítulo 7) ao tema da consagração virginal e do celibato, e que tenha partido do pressuposto de que muitos membros da Igreja já viviam esse estilo de vida. Jesus, Ele próprio celibatário, não tratou o celibato como uma idiossincrasia sua ou como uma prerrogativa especial que tivesse, mas também partiu do pressuposto de que muitos seguiriam o mesmo caminho (cf., por exemplo, Mt 19, 10-12).

A concepção virginal e divina de Maria foi certamente um evento milagroso e único, mas sua virgindade em si não é uma ideia extravagante e incomum, como querem alguns críticos. A tradição da virgindade consagrada é anterior a Cristo, embora tenha se popularizado com a difusão do cristianismo. Onde quer que houvesse igrejas cristãs, havia também muitas mulheres que faziam voto de castidade. Há vastas evidências desse fato já a partir da primeira geração de cristãos: o tempo dos Padres Apostólicos. E, em cada igreja, essas mulheres tomavam como modelo a menina humilde de Nazaré.

* * *

Protestantes fundamentalistas por vezes afirmam que os católicos superestimam a importância da Santa Virgem. Mas foi a própria história – a história da salvação – que deu a ela um papel de destaque. Foi o Senhor da história que a escolheu para cumprir esse papel em seu enredo.

A fala de Maria no Evangelho de São Lucas indica que ela é bem mais do que uma personagem coadjuvante. Há um momento decisivo da história da redenção no diálogo entre ela e o Anjo. Ali, os céus aguardavam sua resposta. A Igreja desde então ecoa sua prece, conhecida como «*Magnificat*»:

> *A minha alma glorifica o Senhor*
> *E o meu espírito se alegra em Deus, meu Salvador.*
> *Porque pôs os olhos na humildade da sua serva:*
> *De hoje em diante me chamarão bem-aventurada*
> *todas as gerações.*
> *O Todo-Poderoso fez em mim maravilhas:*
> *Santo é o seu nome.*
> *A sua misericórdia se estende de geração em geração*
> *Sobre aqueles que o temem.*
> *Manifestou o poder do seu braço*
> *E dispersou os soberbos.*
> *Derrubou os poderosos de seus tronos*
> *E exaltou os humildes.*
> *Aos famintos encheu de bens*
> *E aos ricos despediu de mãos vazias.*
> *Acolheu a Israel, seu servo,*
> *Lembrado da sua misericórdia,*
> *Como tinha prometido a nossos pais,*
> *A Abraão e à sua descendência para sempre.*
>
> (Lc 1, 46-55)

Maria de Nazaré deu à Igreja – e a cada cristão – um modelo de oração para agradecer e louvar. Um modelo de oração para o Natal. Ela ensinou o mundo a responder de forma apropriada ao Deus que fez sua morada entre os homens, que fez sua morada na carne da Virgem e na nossa.

São Lucas apresenta a Virgem de Nazaré como ícone da liberdade e da dignidade humana. Não há servilismo em sua conduta. Ela se «perturba» com a presença do Anjo, mas, ainda assim, ousa fazer uma pergunta. Sua obediência é ativa e inteligente.

A tradição louva Maria como «Virgem da Ternura», e, de fato, ela nos inspira esse sentimento. No entanto, os versículos do *«Magnificat»* também nos mostram uma fidelidade incondicional. Essa é uma qualidade que Deus cultivou em Israel, e que possibilitou a alguns fiéis remanescentes preservar a sua fé mesmo sob o exílio e a opressão.

Todas as qualidades de Maria são graças de Deus. Nela vemos a graça num grau extraordinário por causa da maneira como Deus a preparou para a sua vocação única.

Mas a teologia católica afirma que a graça se apoia na natureza humana. O Deus que nos criou é o mesmo Deus que nos redime e nos chama. Por isso, é perfeitamente correto encarar o *«Magnificat»* de Maria como uma janela através da qual podemos vislumbrar sua infância e sua juventude. O Rei Davi, antepassado da Virgem, foi pastor de ovelhas antes de ter sido pastor de Israel. A lealdade de Maria, seu conhecimento sobre a história de Israel, sua fidelidade à lei de Moisés, sua reverência ao Templo, seus hábitos de oração, louvor e gratidão: tudo isso presta tributo à sua família de origem, bem como ao tempo que ela passou nos átrios do Senhor durante a infância.

Embora suas falas diminuam de volume depois do

nascimento de Jesus, Maria segue sendo personagem expressiva do Evangelho. Permanece ao lado de Jesus, o que está perfeitamente de acordo com a sua personalidade. A jovem mulher que ousara questionar um Anjo viria a se tornar a mulher que mais tarde seguiria seu filho, aquele que *não tem onde repousar a cabeça* (Mt 8, 20).

Essa é a ternura e a tenacidade que Deus semeou, viu e amou em Israel (sua esposa, seu rebento, seu primogênito). Essas são as características que Deus dá como graça e que Ele ama em sua família na terra, a começar por sua mãe.

Capítulo 6
Na noite feliz, um homem silencioso

Nos meus trinta anos de atuação na Igreja e na academia, dei milhares de aulas, escrevi algumas dezenas de livros e inúmeros artigos e gravei palestras e cursos que foram ouvidos por milhões de pessoas. Apresentei mais de dez séries de TV e estive em centenas de programas de rádio. Também tenho dado milhares de palestras em conferências e paróquias, em vários países e continentes, até em alto-mar!

Digo isso não para me gabar, mas para mostrar, por contraste, que essa montanha de palavras que escrevi e falei até hoje não passa de um pequeno montinho de terra no chão quando comparada aos feitos gigantescos de um homem grandioso e silencioso: José de Nazaré.

Os cristãos sempre tiveram fascínio por ele. O Novo Testamento começa contando os eventos da salvação a partir do seu ponto de vista. Algumas das mentes mais brilhantes da história se debruçaram sobre suas ações: de Agostinho a João Paulo II, passando por Tomás de Aquino. E, no entanto, não conhecemos sequer uma sílaba que tenha sido dita por ele.

Podemos presumir que ele fazia as orações tradicionais de Israel, as orações que encontramos, por exemplo, nos lábios de seu filho adotivo, Jesus: *Ouve, Israel, o Senhor nosso Deus é o único Senhor; amarás ao Senhor teu Deus de todo o teu coração, de toda a tua alma, de todo o teu espírito e de todas as tuas forças* (Mc 12, 29-30). Sabemos que Jesus era verdadeiramente humano e teve que aprender suas preces com alguém, muito provavelmente com seus pais. E sabemos também que Jesus obedecia a José e Maria (cf. Lc 2, 51).

Nem o mais prolífico autor de toda a história pode se gabar de ter tido uma influência dessa magnitude, isto é, de ter influenciado o próprio Deus. E, no entanto, como dissemos acima, não temos acesso a nenhuma palavra que possa ser atribuída a José.

O que temos são seus feitos... e seu silêncio, que em si é muito significativo. Uma de suas biografias modernas mais vendidas chama-se justamente *José, o silencioso*[1]. Receio que ninguém jamais escreverá sequer um parágrafo a meu respeito me chamando de «Scott, o silencioso».

Mas as *ações* de José dizem muito. Como a grande poesia, falam com eloquência, mesmo que algumas vezes sejam enigmáticas. E quase tudo o que sabemos sobre o marido de Maria pode ser encontrado na história do Natal.

---

(1) Michel Gasnier, *José, o silencioso*, Quadrante, São Paulo, 1995.

***

José, o silencioso, entra na história de um jeito pouco usual. Em sua genealogia, São Mateus passa de uma geração a outra ao dizer que cada um dos homens «gerou» seu respectivo filho: *Matã gerou Jacó, Jacó gerou José*. À medida que vamos nos aproximando do fim da lista, no entanto, Mateus identifica José não como pai, mas como *esposo de Maria, da qual nasceu Jesus, que é chamado Cristo* (Mt 1, 15-16).

O último elo da genealogia quebra o padrão estabelecido pelos elos anteriores. José não é apresentado como *pai*, mas sim como *esposo*. O evangelista quer ser totalmente claro quanto ao fato de que José não teve participação biológica na concepção de Jesus. Esse detalhe é importante porque prepara o leitor para o relato sobre a concepção virginal de Jesus alguns versículos adiante, em Mt 1, 18-25.

Isso, no entanto, não diminui a paternidade de José. Pela lei judaica, ele era pai de Jesus, e isso fica evidente em Mt 1, 25, trecho no qual José exerce o direito paterno de dar nome a seu filho. Ele também cumpre com suas obrigações de pai ao proteger Maria e Jesus e assisti-los durante o perigoso reinado de Herodes (cf. Mt 2, 13-22). Seguindo a tradição judaica, Jesus recebeu de José tudo aquilo que lhe era de direito do ponto de vista hereditário, mesmo tendo sido filho adotivo.

Os cristãos mais devotos frequentemente se referem a José como «pai de criação» de Jesus, com o intuito de construir uma espécie de refúgio retórico para proteger a virgindade de Maria e a paternidade oficial de Deus. Como teólogo, valorizo a precisão e respeito esse uso, mas é preciso que sejamos claros em relação ao que pretendemos.

O dado real é que um pai adotivo é tão pai quanto um pai biológico. Isso era tão verdadeiro no tempo de Jesus como é no nosso; era uma realidade reconhecida pela lei de Israel e de Roma, assim como é reconhecida pelas leis do estado em que vivemos. Eu mesmo a reconheci ao vê-la inúmeras vezes com meus próprios olhos em incontáveis famílias. Por essas e outras razões, penso que o termo «pai de criação», quando aplicado a São José, às vezes pode mais prejudicar nossa compreensão do que favorecê-la.

Do testemunho registrado na Bíblia, sabemos que, na Sagrada Família, José era pai de Jesus. Essa é a palavra que encontramos em Lc 2, 33. Quando a Virgem Maria fala com Jesus, ela se refere ao marido como *teu pai* (Lc 2, 48). Os vizinhos consideravam Jesus *filho de José* (Lc 4, 22) e *o filho do carpinteiro* (Mt 13, 55).

A vocação de José consiste em ser uma imagem terrena do Pai celestial. Deus é mais Pai do que qualquer homem na terra, embora sua paternidade não dependa de sexo biológico, de corpo, de órgãos ou práticas sexuais, ou mesmo de esposa. E como a paternidade divina é perfeita, podemos concluir que a paternidade em si não é primariamente *física*, mas sim *espiritual*. A paternidade de José é espiritual e real, embora virginal, assim como a paternidade de Deus é espiritual, e não física.

São José aparece, portanto, como representação de Deus Pai, e o próprio Jesus Cristo deve tê-lo visto como tal. Jesus era verdadeiramente humano e pensava como os humanos. Quando pensamos em árvores, por exemplo, nosso ponto de referência é nossa percepção direta ou uma lembrança que tenhamos de árvores reais. Quando meditamos sobre Deus Pai, também partimos de uma lembrança ou de uma experiência de paternidade. Quando se dirigia a seu Pai celestial, ou quando pensava nEle, Jesus provavelmente se baseava na analogia direta com São José, seu pai aqui na terra.

Mais tarde, Jesus diria: *Aquele que faz a vontade de Deus, esse é meu irmão, minha irmã e minha mãe* (Mc 3, 35). Jesus nunca atribuiu a seus discípulos o papel de pai em sua vida, nem mesmo por analogia. Esse privilégio pertencia exclusivamente a São José: ser o pai terreno de Jesus.

* * *

Como tudo o que vimos até aqui no Evangelho de São Mateus, os detalhes sobre a vida de José remontam ao patrimônio de Israel. Mateus mostra que José, assim como Jesus e Maria, já aparecia prefigurado na história dos patriarcas mais de mil anos antes do nascimento de Cristo.

O José do Novo Testamento, esposo de Maria, parece uma «reprise» do José do Antigo Testamento, o jovem da túnica de muitas cores, filho de Jacó. Cristãos de todas as épocas notaram as semelhanças entre as trajetórias dos dois.

Em primeiro lugar, o mais óbvio: ambos compartilham o mesmo nome. Ambos tiveram pais de nome Jacó (cf. Mt 1, 16 e Gen 30, 19-24). Deus falou a ambos por meio de sonhos (cf. Mt 1, 20-21 e 2, 13-22, bem como Gen 37, 5-11). Os dois eram justos e castos (ver Mt 1, 19 e Gen 39, 7-18). E os dois salvaram suas respectivas famílias levando-as para o Egito (cf. Mt 2, 13-14 e Gen 45, 16-20).

O Papa Leão XIII notou essa conexão entre esses dois

grandes personagens bíblicos e concluiu que o José do Antigo Testamento «prefigurou, por sua glória, a grandeza do futuro guardião da Sagrada Família»[2].

José também era *filho de Davi*, conforme fica claro na genealogia de Mateus (cf. Mt 1, 1-16). Era, portanto, detentor dos direitos hereditários da linhagem real, e os transmitiu a seu filho e herdeiro, Jesus.

E era na retidão da sua conduta que José encarnava essa herança com mais perfeição. O Evangelho nos diz, logo de cara e de maneira breve, que José era *um homem justo* (Mt 1, 19). Vindo de um judeu do primeiro século, tratava-se de um elogio supremo. Significava que a vida de José e suas disposições de caráter estavam de acordo com a lei de Deus. José respeitava fielmente os mandamentos divinos.

Tal retidão de conduta é um dos prerrequisitos do drama na narrativa de São Mateus. O evangelista especifica que o conflito ocorreu porque José era «justo»:

> *Eis como nasceu Jesus Cristo: Maria, sua mãe, estava desposada com José. Antes de coabitarem, aconteceu que ela concebeu por virtude do Espírito Santo. José, seu esposo, que era um homem justo, não querendo difamá-la, resolveu rejeitá-la secretamente* (Mt 1, 18-19).

No judaísmo antigo, o ato de desposar alguém era diferente do que hoje chamamos de «noivar». Era um período de até um ano entre a contração do matrimônio e o momento em que os cônjuges passavam a morar juntos. Durante essa etapa, os parceiros estavam *legalmente casa-*

---

(2) Papa Leão XIII, *Quamquam Pluries* (encíclica sobre a devoção a São José), 15.08.1889, pág. 4.

dos, de maneira que a união só podia ser encerrada pela morte ou pelo divórcio (cf. Deut 24, 1-4).

Maria ficou grávida depois de ter sido desposada por José. Ele resolveu se divorciar dela. Por quê?

* * *

Bem, José não nos revela o porquê, obviamente; afinal de contas, ele não diz nada nos Evangelhos. Esse silêncio tem sido insuportável para os leitores mais atentos, almas devotas que querem reconciliar a retidão de um grande homem com a sua intenção de se divorciar da Santa Virgem. O plano de José parecia incompatível com seu caráter.

Santos e estudiosos propuseram várias explicações, que podem ser divididas em três categorias (ou teorias). Todas elas buscam uma resposta para a pergunta: *do ponto de vista de José, qual das duas partes do matrimônio era considerada indigna?*

A teoria da suspeita

Essa teoria afirma que José, ao descobrir que Maria estava grávida, suspeitou de um possível adultério. A notícia bombástica o levou a buscar o divórcio de acordo com a lei de Israel:

> *Se um homem, tendo escolhido uma mulher, casar-se com ela, e vier a odiá-la por descobrir nela qualquer coisa inconveniente, escreverá uma letra de divórcio, lha entregará na mão e a despedirá de sua casa* (Deut 24, 1).

De acordo com esta teoria, José desejava se divorciar em segredo para que Maria não ficasse sujeita ao rigor da lei (que determinava pena capital para quem cometesse adultério).

> *Se uma virgem se tiver casado, e um homem, encontrando-a na cidade, dormir com ela, conduzireis um e outro à porta da cidade e os apedrejareis até que morram: a donzela, porque, estando na cidade, não gritou, e o homem por ter violado a mulher do seu próximo. Assim, tirarás o mal do meio de ti* (Deut 22, 23-24).

Dessa perspectiva, José era justo por ter resolvido agir de acordo com a lei de Moisés.

Embora seja uma interpretação bastante comum, ela apresenta sérios problemas. O desejo de José de seguir a lei do divórcio não é compatível com sua disposição de burlar a punição prescrita para os adúlteros. Um homem verdadeiramente íntegro teria apoiado o cumprimento total (e não seletivo) da lei de Deus. Basta pensarmos em Saulo de Tarso, um homem que zelava pela lei, e que estava disposto a submeter os primeiros cristãos à morte por apedrejamento por causa de sua aparente desobediência da lei. Se Paulo estivesse no lugar de José, talvez Maria tivesse tido o mesmo fim de Estêvão (cf. At 7, 58-8, 1).

A teoria da perplexidade

Outros dizem que José viu na gravidez de Maria algo inexplicável. Ele não acreditava que ela tivesse sido capaz da infidelidade, mas também não podia encontrar outra explicação para o ocorrido.

Divorciar-se parecia ser sua única opção; ele, no entanto, tencionava fazê-lo silenciosamente, já que não acreditava que Maria fosse culpada. Esta teoria afirma que José era justo porque queria viver conforme a lei de Deus, ao mesmo tempo que queria julgar a situação de Maria com a máxima caridade possível.

A teoria da reverência

Segundo essa teoria, José, informado sobre o milagre divino com que Maria havia sido agraciada, considerava-se indigno de ser parte do plano de Deus numa situação tão única. Nesse sentido, a teoria afirma que José foi como Simão Pedro, que se considerava indigno da companhia de Jesus e disse: *Retira-te de mim, Senhor, porque sou um homem pecador* (Lc 5, 8). Ou então que José era como o centurião que disse a Jesus: *Senhor, não sou digno de que entres em minha casa* (Lc 7, 6).

A decisão de José de se separar silenciosamente de Maria é, portanto, vista como uma medida reverencial e facultativa, tomada para manter em segredo o mistério em torno da Virgem. O plano de ação de José, nesse sentido, é compatível com seu caráter de homem de bem. Sua integridade se alinha às suas intenções. O «plano» de José, portanto, é uma expressão de sua profunda humildade e de sua reverência por Deus e por Maria.

Há um obstáculo a essa teoria que, na realidade, não passa de um obstáculo *aparente*. A expressão «não querendo difamá-la», que encontramos na tradução, é imprecisa. O grego original não traz conotações negativas. Sugere, ao contrário, que José não queria que Maria se expusesse de maneira pública, o que novamente está de acordo com sua reverência pelo mistério.

* * *

Lido sob essa luz, o conselho do Anjo a José faz todo o sentido: *Enquanto assim pensava, eis que um anjo do Senhor lhe apareceu em sonhos e lhe disse: José, filho de Davi, não temas receber Maria por esposa, pois o que nela foi concebido vem do Espírito Santo* (Mt 1, 20).

O Anjo instrui José a colocar de lado os temores e as inibições que podiam afastá-lo de sua vocação. Deus está chamando José para ser o pai do Messias davídico, sob as condições da lei.

Das três explicações possíveis para as motivações de José, a última me parece ser a mais satisfatória. E em minha convicção me acompanham São Tomás de Aquino, São Bernardo de Claraval e São Josemaria Escrivá, que refletiram sobre as evidências e chegaram a essa mesma conclusão.

* * *

Conforme já vimos, os Evangelhos deixam claro que Maria concebeu seu filho pelo poder do Espírito Santo (cf. Mt 1, 18 e Lc 1, 35). Não houve ato sexual. Além disso, de acordo com a tradição cristã, Maria permaneceu virgem *para sempre*. O casal, portanto, formado por Maria e José nunca teve relações sexuais. Eram verdadeiramente marido e mulher, mas sem a consumação carnal que costumeiramente se dá no âmbito do casamento.

Alguns autores antigos, ansiosos por comunicar esse fato, negaram a José o título de esposo. «José desposou Maria», diz um deles, «mas nunca foi seu esposo»[3]. Outro vai além e ousa se dirigir a José diretamente: «Mesmo tendo sido designada como sua esposa, [...] ela, na realidade, nunca o foi»[4]. Tais reações são claramente exageradas, uma vez que, como vimos, os próprios evangelistas identificam José como «esposo de Maria».

Essa ansiedade surge porque dois versículos no Evangelho de Mateus parecem sugerir que houve uma mudança no relacionamento entre Maria e José depois do nascimento de Jesus:

> *Eis como nasceu Jesus Cristo: Maria, sua mãe, estava desposada com José. Antes de coabitarem, aconteceu que ela concebeu por virtude do Espírito Santo* (Mt 1, 18).
>
> *José [...] recebeu em sua casa sua esposa, mas não a conheceu até que ela tivesse dado à luz o seu filho, que recebeu o nome de Jesus* (Mt 1, 24-25).

No século IV d.C., um herege chamado Helvídio aproveitou-se dessa ambiguidade para contestar a virgindade perpétua de Maria. Os termos «antes» e «até» – argumentava ele – sugerem que as condições existentes antes do nascimento de Jesus deixaram de existir assim que o nascimento ocorreu. Em outras palavras, Helvídio

---

(3) Máximo de Turim, *Sermão 53*. Para uma análise completa sobre a abordagem dos primeiros cristãos em relação a São José, ver: Joseph Lienhard, SJ, *St. Joseph in Early Christianity: Devotion and Theology*, Saint Joseph's University Press, Filadélfia, 1999.
(4) Pseudo-Orígenes, *Homilia 17*. Ver: Joseph Lienhard, SJ, *St. Joseph in Early Christianity*, pág. 20.

afirmava que, depois de algum tempo, Maria e José «coabitaram» e José «a conheceu».

O mesmo autor observava que os quatro Evangelhos fazem referência a «irmãos» do Senhor (ver, por exemplo, Mt 12, 46; Mc 3, 31; Lc 8, 19; Jo 2, 12). Esses «irmãos» – conclui ele – devem ter sido filhos mais jovens de Maria e José.

Helvídio contrariou a tradição interpretativa ao defender suas ideias e atraiu contra si a oposição do maior estudioso da Sagrada Escritura a viver na época: São Jerônimo de Estridão, um homem enormemente erudito e fluente nas línguas bíblicas.

A refutação de Jerônimo foi tão contundente que durante mais de um milênio nenhum outro intérprete voltou a levantar dúvida sobre a questão.

Helvídio insistia que a cronologia sugerida pelo «antes» e pelo «até» implicava uma mudança na situação que veio «depois». Jerônimo demonstrou que tal implicação não existia, e exemplificou a sua argumentação com múltiplos trechos bíblicos onde os mesmos termos aparecem:

> Pela boca do profeta, Deus diz a certas pessoas: *Permanecerei o mesmo até vossa velhice* (Is 46, 4). Ele deixará de ser Deus depois que elas tiverem envelhecido?
>
> E nos Evangelhos o Salvador diz aos Apóstolos: *Eis que estou convosco todos os dias, até o fim do mundo* (Mt 28, 20). Depois que o fim do mundo tiver chegado, o Senhor vai abandonar seus discípulos?[5]

---

(5) São Jerônimo, *Contra Helvídio*, 6.

Jerônimo prossegue ainda longamente, e podemos segui-lo acrescentando outros trechos da Sagrada Escritura que se dissolvem no absurdo quando lidos a partir do princípio interpretativo de Helvídio. Por exemplo: *E Mical, filha de Saul, não teve mais filhos até o dia de sua morte* (2 Sam 6, 23). Será que teve filhos depois?

E quanto à recomendação de São Paulo a Timóteo: *Até que eu tenha voltado, aplica-te à leitura, à exortação, ao ensino* (1 Tim 4, 13); devemos pensar que Paulo queria que Timóteo *deixasse* de ler a Sagrada Escritura uma vez que o apóstolo tivesse chegado à cidade?

O que dizer então do outro ponto levantado por Helvídio, sobre os «irmãos» de Jesus? Alguns dos Padres da Igreja acreditavam que José era viúvo e que esses «irmãos» eram filhos do seu primeiro casamento. É possível que isso seja verdade, mas também é improvável, uma vez que esses meios-irmãos jamais aparecem nos relatos sobre a infância de Jesus.

Mais provável é que os «irmãos» mencionados nos Evangelhos fossem primos ou parentes distantes de Jesus. As línguas semíticas antigas não faziam distinção entre relações consanguíneas; todos os membros da família tribal eram chamados de «irmãos» e «irmãs», ainda que na prática fossem primos e primas. Tomemos como exemplo o caso de Tiago e José, dois dos homens identificados nos Evangelhos como «irmãos» de Jesus (ver Mt 13, 55). Em outras passagens, os dois são identificados como filhos de *Maria, esposa de Cleofás* (cf. Mt 27, 56 e Mc 15, 40). Além disso, João identifica essa Maria como «irmã» da Santa Virgem (cf. Jo 19, 25). É improvável que duas mulheres de nome Maria fossem irmãs, de maneira que também elas provavelmente eram primas ou tinham uma relação de parentesco mais distante.

Os primeiros intérpretes da Sagrada Escritura estavam plenamente conscientes da existência dos «irmãos» do Senhor, assim como estavam conscientes da amplitude semântica dos termos «antes» e «até». Eles não viam essas coisas como ameaças à tradição interpretativa da Igreja.

Até os reformadores protestantes João Calvino e Ulrich Zwingli aceitavam inteiramente a tradição quanto a esse tema, e ensinavam que José e Maria não tiveram relações sexuais em nenhum momento ao longo do seu casamento.

* * *

A despeito disso, José realmente foi esposo de Maria – e pai de Jesus, o que é ainda mais importante. De fato, José desfrutou da paternidade de um jeito verdadeiramente sublime. O Papa Bento XVI o coloca de maneira magistral:

> Com efeito, não há paternidade fora da de Deus Pai, o único Criador «do mundo visível e invisível». Entretanto, foi concedido ao homem, criado à imagem de Deus, participar na única paternidade de Deus (cf. Ef 3, 15). Ilustra-o de maneira surpreendente São José, que é pai sem ter exercido uma paternidade carnal. Não é o pai biológico de Jesus, do Qual só Deus é Pai, e, todavia, exerce uma paternidade plena e completa. Ser pai é primariamente ser servidor da vida e do crescimento. Nesse sentido, São José deu provas de uma grande dedicação. Por amor de Cristo, conheceu a perseguição, o exílio e a pobreza que daí deriva. Teve

de instalar-se em lugar diverso da sua aldeia. A sua única recompensa foi a de estar com Cristo[6].

Essa é a única recompensa que qualquer cristão, seja ele um pai ou uma mãe, deve desejar.

---

(6) Papa Bento XVI, *Discurso na Basílica Marie Reine des Apôtres no bairro de Mvolyé*, Yaoundé, Camarões, 18.03.2009.

Capítulo 7
Os Anjos cantam entre nós

O Natal seria inimaginável sem a presença dos Anjos[1]. Desde a concepção de Jesus, esses espíritos puros têm papel fundamental na história. Reaparecem em quase todos os pontos-chave da infância de Cristo: de Nazaré a Belém, de Jerusalém ao Egito.

É por isso que tanta gente coloca um Anjo no topo da árvore de Natal ou acima do presépio. Ele completa a cena. Há também os que colocam uma Estrela de Belém no lugar da figura angelical, a estrela que, segundo alguns Padres da Igreja, era, ela própria, um Anjo (vamos falar mais sobre isso em breve).

Toda história tem um prólogo. O prólogo do Natal,

---

(1) Minha discussão sobre os Santos Anjos se baseia em anos e anos de conversas com meu amigo Mike Aquilina, bem como na leitura atenta de seus livros: *Angels of God: The Bible, the Church, and the Heavenly Hosts*, Servant Books, Ann Arbor, 2009; *A Year with the Angels: Daily Meditations with the Messengers of God*, Saint Benedict Press, Charlotte, 2011; *Entertaining Angels*, Catholic Scripture Study International, Charlotte, 2013.

conforme já vimos, se estende até o princípio dos tempos. A genealogia de Jesus nos leva a Adão. A promessa da vinda do Messias ecoa pela história porque foi feita pelo próprio Deus quando Ele expulsou Adão e Eva do Jardim do Éden.

Mas o que a maioria das pessoas não sabe é que esse prólogo começa ainda antes para os Anjos. Os eventos que trouxeram alegria ao nosso mundo – isto é, a Encarnação de Deus – também levaram alegria ao mundo dos Anjos.

* * *

Quando os primeiros cristãos liam a história do Natal, eram levados de volta não apenas ao tempo de Adão e Eva, mas também aos primeiros versículos da Bíblia: *No princípio, Deus criou os céus e a terra. Deus disse: «Faça-se a luz!» E a luz foi feita. Deus viu que a luz era boa, e separou a luz das trevas* (Gen 1, 1.3-4).

Segundo Santo Agostinho e Santo Ambrósio, os «céus» e a «luz» que o Gênesis menciona representam o reino dos espíritos puros (a luz física só aparece alguns versículos depois, no quarto dia). Deus criou esses Anjos de luz da mesma maneira que criou todas as coisas: para que fossem «bons». No entanto, Ele também os criou para que fossem livres, porque somente as criaturas livres são capazes de amar. Quando há coação, o amor deixa de existir. Deus, portanto, presenteia os Anjos com uma possibilidade de escolha, e alguns deles decidem não retribuir o amor divino. O livro do Apocalipse parece aludir a esse evento – embora o faça em linguagem simbólica – ao dizer que «uma terça parte das estrelas do céu» (12, 4) se obscureceu, e essas estrelas foram atiradas à terra.

Não sabemos qual foi a natureza do «teste» ao qual os Anjos foram submetidos. A Sagrada Escritura não nos diz nada sobre isso, e a Igreja nunca fez uma declaração definitiva a esse respeito. Também é possível que não tenhamos condições sequer de *começar* a entender o teste dos espíritos puros, cujo conhecimento é imediato e completo, e cujos poderes são muito superiores aos nossos.

Esse assunto atraiu a atenção de vários santos e teólogos ao longo dos séculos. Muitos deles especularam que Deus infundiu nos Anjos um conhecimento prévio sobre a Encarnação. Deus teria revelado a eles que criaria o homem, e que Ele próprio um dia estaria reunido com a humanidade. Ele se tornaria um homem, e todos os Anjos teriam que adorar o Verbo Encarnado. A Carta aos Hebreus nos diz: *E novamente, ao introduzir o seu Primogênito na terra, diz: Todos os anjos de Deus o adorem* (Heb 1, 6, citando Sal 97, 7).

Alguns Anjos talvez tenham julgado que a ordem divina era absurda e até insultuosa. Em seu orgulho e arrogância, negaram-se a adorar um ser que parecia tão enormemente inferior, muito embora a ordem de adoração tivesse sido dada pelo próprio Deus.

É interessante notar que, no livro do Apocalipse, os Anjos perversos caem dos céus imediatamente após Deus apresentar a visão de uma mulher com seu filho.

Tudo isso são especulações, e não dogmas; mas são especulações de alguns dos mais próximos amigos de Deus dentre os santos. Se a interpretação deles estiver correta, podemos entender por que o Natal aparece nos Evangelhos como uma explosão de atividade angelical. Também entendemos por que o diabo ficou enfurecido a ponto de responder ao Natal com o Massacre dos Inocentes, que provocou a fuga da Sagrada Família para o Egito (talvez descrita simbolicamente em Apoc 12, 4-6).

O Natal foi um dia de triunfo para os Anjos bons, e marcou o início das punições terrenas às quais o diabo seria submetido.

O Primogênito de fato veio ao mundo, e todos os Anjos *de Deus* O adoraram.

* * *

Os Anjos surgem já no início do Evangelho. O Novo Testamento está apenas despontando, e mesmo assim surge aos nossos olhos em consonância e continuidade com o Antigo. A diferença entre um e outro é de grau; fazemos um movimento que vai da semente à flor, da profecia à realização. O Deus que rege a história é o mesmo em ambos os casos, e seu plano se desenrola até estar completo.

No Antigo Testamento, os Anjos aparecem com frequência, assim como aparecem outros espíritos puros, como os vigilantes (cf. Dan 4, 10), os querubins (cf. Gen 3, 24) e os serafins (cf. Is 6, 2). São guardiães e guias, mensageiros e catalisadores; resgatam Agar (cf. Gen 16) e levam o julgamento divino a Sodoma (cf. Gen 19); «marcham diante» de Israel, guiando o povo escolhido até a Terra Santa (cf. Ex 32, 34); trazem a palavra de Deus aos profetas (1 Re 13, 18). São mediadores (cf. Jó 33, 23), cumpridores de sentenças (cf. Dan 3, 28), guerreiros (cf. 2 Cron 32, 21), agentes de criação (cf. Sal 104, 4) e de destruição (cf. 2 Sam 24, 16).

Sempre que faziam qualquer uma dessas coisas, no entanto, os Anjos ao mesmo tempo *adoravam*. Ao falar sobre os Anjos da Guarda, Jesus ressalta que eles guardavam os «pequenos» e simultaneamente adoravam ao Pai no céu (cf. Mt 18, 10). A adoração é a atividade primária de todos os espíritos puros. É isso que os Anjos fazem.

Por essa razão, o Antigo Testamento frequentemente os associa ao culto sacrificial. Quando Abraão sobe o Monte Moriá para oferecer seu filho Isaac em sacrifício, é um Anjo que segura a sua mão. Quando estão cumprindo as suas funções no Templo, os profetas Isaías e Ezequiel têm visões de Anjos no santuário (cf. Is 6, 1-3; Ez 9, 3). Quando sacrifícios são postos sobre o altar de Israel, Anjos ascendem aos céus com as chamas e a fumaça (cf. Jz 13, 20). Por ordem divina, imagens de querubins foram postas no Santo dos Santos do Tabernáculo de Israel e no Templo de Jerusalém.

Por isso, talvez não devamos nos surpreender quando, no início do Evangelho de São Lucas, um Anjo aparece no Templo diante de um sacerdote chamado Zacarias, que está ali fazendo o que fazem os sacerdotes. No momento em que o Anjo aparece, Zacarias está oferecendo incenso no altar. O Anjo traz boas notícias: Isabel, sua esposa, que foi infértil a vida toda, terá um filho, e não um filho comum, mas um profeta *grande diante do Senhor* (Lc 1, 11-17).

O Anjo chega a se identificar pelo nome, algo que apenas três deles fazem na Bíblia. Ele se chama Gabriel, um personagem que Zacarias deve ter conhecido por meio da leitura do livro de Daniel (8, 16; 9, 21). Nesse livro, Gabriel aparece associado às profecias sobre a vinda do Messias (mais especificamente, às profecias que calculavam quantos anos faltavam para a chegada do Natal).

Zacarias, no entanto, não fica suficientemente impressionado e ousa questionar a credibilidade do mensageiro de Deus (e, implicitamente, a própria mensagem). Pela ousadia, Gabriel o deixa surdo e mudo.

Em seguida, o Anjo segue para a casa de Maria, parente de Zacarias, para anunciar que ela vai conceber pelo poder do Espírito Santo e dar à luz o Messias, o Cristo. Maria acredita no Anjo e aceita a sua palavra.

Assim começa a aventura do Natal: sob o ministério dos Anjos.

* * *

E assim também a aventura continua. Esse aspecto da história – a presença angelical constante – é evidente tanto no relato de Mateus como no de Lucas.

Quando José se sentia perturbado pela notícia da gravidez de Maria, *eis que um anjo do Senhor lhe apareceu em sonhos e lhe disse: José, filho de Davi, não temas receber Maria por esposa, pois o que nela foi concebido vem do Espírito Santo* (Mt 1, 20). O Anjo revelou a José que aquele bebê era o Salvador de Israel. E José fez como o Anjo mandou (cf. Mt 1, 24).

Quando era tempo do nascimento do bebê, Anjos anunciaram o acontecimento, mas não aos mais poderosos, e sim aos mais humildes:

> *Havia nos arredores uns pastores, que vigiavam e guardavam seu rebanho nos campos durante as vigílias da noite. Um anjo do Senhor apareceu-lhes e a glória do Senhor refulgiu ao redor deles, e tiveram grande temor. O anjo disse-lhes: Não temais, eis que vos anuncio uma boa nova que será alegria para todo o povo: hoje vos nasceu na*

Cidade de Davi um Salvador, que é o Cristo Senhor. Isto vos servirá de sinal: achareis um recém-nascido envolto em faixas e posto numa manjedoura (Lc 2, 8-12).

Novamente, mais do que simplesmente cumprir uma missão terrena, os Anjos adoraram. *E subitamente ao anjo se juntou uma multidão do exército celeste, que louvava a Deus e dizia: Glória a Deus no mais alto dos céus e na terra paz aos homens, objetos da benevolência divina!* (Lc 2, 13-14). Os Anjos cantaram glória e deram graças a Deus, e o fizeram em Belém.

Sim, *em Belém!* Aquilo que os profetas do Antigo Testamento tinham visto acontecer no céu agora acontecia na terra. Aquilo que os Anjos um dia fizeram no Santo dos Santos, no interior do Templo, agora faziam num pequeno vilarejo, longe da cidade santa.

Uma multidão de Anjos é um sinal claro e inconfundível do favor e da presença de Deus. Tanto para Mateus como para Lucas, os Anjos do Natal são um sinal de que Deus está presente entre o seu povo por meio de Jesus Cristo. Jesus é Emanuel, Deus conosco (cf. Mt 1, 23).

Os Anjos continuam exercendo um papel importante na história do Natal à medida que ela se desenrola. Estão envolvidos na escolha do nome do bebê (cf. Lc 2, 21); informam José do plano de Herodes para matar Jesus (cf. Mt 2, 13); instruem a Sagrada Família para que fuja para o Egito (cf. Mt 2, 13-14) e também sobre quando é seguro voltar de lá (cf. Mt 2, 19-21).

Os Evangelhos contam a história do Natal em termos históricos; o livro do Apocalipse, por sua vez, a conta em termos simbólicos. Nenhum desses livros pode, no entanto, narrar fielmente a história do Natal sem nela incluir a presença dos Anjos. São eles que cantam glória. São eles que anunciam a alegria.

* * *

A dimensão angelical do Natal não se restringe ao evento em si, ou à época do ano em que ele é celebrado. O que aconteceu em Belém não ficou só em Belém: mudou o mundo. Fez história. Alterou a própria estrutura do cosmos.

O Natal mudou a relação entre os homens e os Anjos. Ao longo do Antigo Testamento, quando eles aparecem na terra, a resposta típica dos homens é lançar-se ao chão. Lot fez isso (cf. Gen 19, 1), Balaão também (cf. Num 22, 31), Manué e sua esposa o fizeram (cf. Jz 13, 20). Mesmo um profeta justo e íntegro como Daniel prostra-se com o rosto em terra ao ver um Anjo (cf. Dan 8, 17; 10, 9).

De fato, quando um homem se prostrava diante de um Anjo no Antigo Testamento, era provável que o Anjo aceitasse essa postura. No Novo Testamento, as coisas mudam um pouco. Quando Gabriel aparece para Maria, ela claramente fica «perturbada», mas o Anjo se dirige a ela de maneira reverente, como um cavaleiro se dirigindo à sua rainha. José também não parece assustado ou constrangido diante da intervenção angelical. Mais tarde, os Anjos servem Jesus (cf. Mt 4, 11) e, quando chegamos aos Atos dos Apóstolos, vemo-los vivendo em intimidade com cristãos comuns (cf. At 12, 15; 10, 3-8.22.30-33). Mesmo os líderes da Igreja desfrutavam da ajuda angelical (cf. At 8, 26; 27, 23-24).

Algo havia mudado na relação entre os fiéis e os Anjos. Embora continuassem sendo motivo de terror para os pecadores (At 12, 23), os Anjos eram quase irmãos para os membros da Igreja.

Cristo fez toda a diferença: no mundo e no céu. Ao se fazer homem, Deus deu início a uma grande troca de presentes. Compartilhou sua natureza conosco por meio da carne (cf. 2 Pe 1, 4) e assumiu a fraqueza do nosso corpo (cf. Fil 2, 5-8). São Paulo fala repetidas vezes sobre essa troca, dizendo: *Vós conheceis a bondade de nosso Senhor Jesus Cristo. Sendo rico, se fez pobre por vós, a fim de vos enriquecer por sua pobreza* (2 Cor 8, 9).

Os Anjos testemunharam tudo isso. Os *Santos Anjos* eram aqueles que desejavam adorar a Deus exatamente como Ele era quando veio ao mundo: um bebê frágil e humilde, um bebê que sujava fraldas e que estava posto na manjedoura de um estábulo situado nos arredores de um pequeno vilarejo. Os Santos Anjos eram aqueles que desejavam seguir Deus em sua descida à terra e adorá-lO *ali* – aqui! – assim como o faziam no céu.

Jesus uniu o céu e a terra na proclamação da glória de Deus. Do seu nascimento para frente, pastores e Anjos cantariam o mesmo hino. O Glória, canto ensinado pelos Anjos aos pastores, continua parte da Missa até hoje.

Ao contar a história do Natal, São Paulo aproveitou a ocasião para explicar a mudança na relação entre os homens e os seres angelicais. No quarto capítulo de sua carta aos Gálatas, ele nos diz que os Anjos do Antigo Testamento eram como babás para a nação de Israel:

> *Explico-me: enquanto o herdeiro é menor, em nada difere do escravo, ainda que seja senhor de tudo, mas está sob tutores e administradores, até o tempo determinado por seu pai. Assim também nós, quando meno-*

res, estávamos escravizados pelos rudimentos do mundo (Gal 4, 1-3).

Mas depois – prossegue Paulo – veio o Natal, e tudo mudou:

> *Mas quando veio a plenitude dos tempos, Deus enviou seu Filho, que nasceu de uma mulher e nasceu submetido a uma lei, a fim de remir os que estavam sob a lei, para que recebêssemos a sua adoção* (Gal 4, 4-5).

E foi *assim* que o Natal mudou tudo: ao estabelecer as condições da nossa adoção por Deus, ao possibilitar uma certa *identificação* entre o homem e Deus na figura de Jesus Cristo.

A Igreja é o Corpo de Cristo e, como tal, é celestial e terrena ao mesmo tempo. A Igreja é uma comunidade de santos, e inclui como membros tanto os Anjos quanto os pastores: querubins e serafins, eu e você.

* * *

A maneira como Maria e José convivem com os Anjos nos Evangelhos deve servir de lição para todos nós. O tempo que passamos na terra é um ensaio para a vida no céu, e, quando estivermos no céu, os Anjos serão nossos vizinhos mais próximos.

De fato, os Anjos já estão perto de nós, conforme fica claro na história do Natal e conforme aprendemos com a Sagrada Família.

O pastor evangélico Billy Graham disse certa vez que «os cristãos jamais deveriam deixar de perceber a presença de uma glória angelical»[2]. Isso é muito verdadeiro, e é claramente a lição do Natal, manifestada quando os Anjos pela primeira vez cantam «Glória!» na terra. Maria e José estavam sempre conscientes da presença dos Anjos.

Mas, no caso deles, não era uma simples consciência. Não era um sentimento passivo; ao contrário, era ativo, receptivo, engajado e devoto. Maria conversava com seu Anjo e até lhe fazia perguntas. José, por sua vez, agia seguindo aquilo que o Anjo lhe dizia.

Ao longo da história do Natal, a Sagrada Família recebe dos Anjos orientação, proteção, oração, sabedoria e pedidos, e responde ativamente a tudo isso.

Eis aí uma característica marcante da religião bíblica: o povo de Deus interage com os Anjos. Devemos nos perguntar: por que essas cenas estão na Bíblia? Por que Deus inspirou os autores sagrados para que incluíssem tantas conversas entre os homens e os seres angelicais?

A tradição cristã é clara sobre esse assunto: as figuras bíblicas nos fornecem modelos daquilo que a Igreja chama de *devoção* aos Santos Anjos. Nós temos os Anjos como amigos. Maria e José são para nós modelos dessa devoção.

Há quem faça pouco caso dos pregadores que propõem a Sagrada Família como modelo da vida doméstica em nossos dias. Afinal de contas, como poderia ser possível para nós, pessoas comuns, reproduzir em nossa casa aquele lar onde um dos membros era Deus, outra foi concebida sem o pecado original e o terceiro foi indiscutivelmente justo por toda a vida? Bem, ter devo-

---

(2) Billy Graham, *Angels: Ringing Assurance That We Are Not Alone*, Thomas Nelson, Nashville, 1995, pág. 23.

ção e atenção para com os Santos Anjos já é um bom começo. Se até Jesus, Maria e José precisaram de ajuda sobrenatural, quanto mais nós, que tropeçamos constantemente sob o efeito da nossa história pessoal, das nossas limitações e dos nossos pecados. A boa notícia é que nós temos à nossa disposição toda a ajuda sobrenatural que for necessária.

A palavra *anjo* vem do grego *angelos*, que significa «mensageiro». O termo equivalente em hebraico, *malakh*, também guarda o duplo significado de «espírito celestial» e «mensageiro terreno». Essencialmente, portanto, os Anjos estão ligados à comunicação. Eles querem nos oferecer a sua ajuda – assim como o fizeram com a Sagrada Família – para que possamos nos aproximar como família e nos comunicar uns com os outros de maneira gentil e amorosa.

Os bons filhos de Israel dependiam da orientação e da proteção dos Anjos. *Meu anjo marchará diante de ti*, disse Deus à geração que viveu o êxodo (cf. Ex 23, 23). Foi exatamente esse tipo de assistência que Ele, por meio de tantas outras palavras, ofereceu à Sagrada Família e continua a oferecer até hoje a todas as famílias que vivem em Cristo.

Onde estiver Deus, lá os Anjos O adorarão. Onde dois ou três estiverem reunidos em nome de Cristo, lá estará Deus, e lá os Anjos O adorarão. Onde houver um vínculo matrimonial, no seio da família unida pelo sacramento, lá estará Deus, e lá os Anjos irão se reunir em adoração.

Numa família assim, todo dia é uma oportunidade de experimentar a alegria do Natal.

Capítulo 8
Ó, cidadezinha de Belém

Em inglês, a palavra *bedlam* é utilizada para descrever um cenário de grande desordem e confusão. O termo se originou da pronúncia imprecisa de *Belém* (em inglês, *Bethlehem*), como referência ao Hospital de Santa Maria de Belém. Fundado em Londres, Inglaterra, no século XIII, a instituição encontra-se até hoje em operação e é uma das mais antigas da Europa no tratamento de doenças psiquiátricas. Em seus primeiros séculos de existência, o hospital abrigava tantos pacientes que o ambiente interno era um verdadeiro pandemônio. Seu nome, então, acabou virando sinônimo de loucura e desequilíbrio. Eis aí uma das ironias da história: hoje, aplica-se ao caos o mesmo nome que se aplica àquela «cidadezinha» que repousa tranquilamente «em seu sono profundo»[1].

No entanto, conforme vimos em nosso estudo das fontes históricas – de Josefo, dos Manuscritos do Mar

---

(1) Referência à letra de *O Little Town of Bethlehem*, tradicional cantiga de natal americana composta no fim do século XIX. (N. do T.)

Morto e dos Evangelhos –, havia de fato uma torrente de ansiedade e expectativa na Palestina no século I d.C. A ideia de que a chegada do Messias era iminente havia se espalhado entre os habitantes da região, e não eram poucos os que desejavam tirar vantagem da situação do ponto de vista militar, político e econômico. Entre Herodes, o Grande (no século I a.C.) e Simão bar Kokhba (apenas um século depois da vinda de Cristo), vários foram os pretensos Messias a surgir em meio à profusão de falsas profecias.

Em muitos sentidos, as expectativas e reivindicações eram enormemente divergentes. A maioria, no entanto, girava em torno de uma única ideia: a restauração de um rei como Davi, alguém que tivesse a virtude e a força de Davi, que exibisse a conduta sacerdotal de Davi, e que fosse abençoado por Deus tal como o fora Davi.

Esse sentimento pode ser encontrado num poema escrito pouco antes da ascensão de Herodes, o Grande:

> Ó Senhor, levanta-lhes o rei deles, o filho de Davi,
> E no tempo que só Tu conheces, ó Deus, que ele reine sobre teu servo, Israel;
> Investe-o de poder, para que ele destrua os governantes injustos;
> Com sabedoria e justiça, ele haverá de expulsar da herança os pecadores,
> E haverá de destruir o orgulho do pecador como a jarra do oleiro,
> E haverá de destruir as nações ímpias com a palavra que sai de sua boca,
> E haverá de expor os pecadores pelos pensamentos que guardam em seus corações;

E haverá de promover a formação de um povo santo, que ele guiará com justiça;

E haverá de julgar as tribos do povo que foi santificado pelo Senhor seu Deus[2].

O poema deixa claro que a crença comum era de que o Messias viria da família de Davi; seria um «filho de Davi». Vale lembrar que Deus havia prometido um descendente cujo reino não teria fim: *Quando chegar o fim de teus dias e repousares com os teus pais, então suscitarei depois de ti a tua posteridade, aquele que sairá de tuas entranhas, e firmarei o seu reino. Ele me construirá um templo, e firmarei para sempre o seu trono real* (2 Sam 7, 12-13).

Na época de Jesus, havia um consenso bem estabelecido segundo o qual o Messias não apenas viria da linhagem de Davi, como também nasceria no mesmo lugar onde Davi havia nascido, isto é, na cidade de Belém. No Evangelho de João, os líderes dos judeus que se opunham a Jesus perguntam: *Não diz a Escritura: O Cristo há de vir da família de Davi, e da aldeia de Belém, onde vivia Davi?* (Jo 7, 42). Achavam que essa exigência desqualificava Jesus para o posto de Messias, pois sabiam que Ele havia crescido em Nazaré. Mal sabiam eles...

* * *

Ao longo dos mil anos que separaram a infância de Davi do nascimento de Jesus, a relevância de Belém declinou drasticamente, e o lugar que antes era uma cidade próspera protegida por muralhas passou a ser um peque-

---

(2) *Salmos de Salomão* (pseudepígrafos) 17, 23-29.

no e pacato vilarejo. Belém ainda era, no entanto, foco de especulação quando o assunto era o Messias.

Compreende-se que fosse assim. Afinal de contas, a associação entre a cidade e Davi estava claramente registrada na Sagrada Escritura: *Ora, Davi era um dos oito filhos de um efrateu de Belém de Judá* (1 Sam 17, 12). Além disso, como rei, Davi continuou favorecendo a sua cidade natal mesmo depois de ter estabelecido a capital de Israel em Jerusalém.

Séculos depois da morte de Davi, Deus, por meio do profeta Miqueias, confirmou a promessa e *especificou* que o herdeiro ungido haveria de nascer na cidade natal de Davi:

> *Mas tu, Belém-Efrata, tão pequena entre os clãs de Judá, é de ti que sairá para mim aquele que é chamado a governar Israel. Suas origens remontam aos tempos antigos, aos dias do longínquo passado* (Miq 5, 1).

Pela leitura do Novo Testamento, percebe-se que esses detalhes eram muito importantes para os primeiros cristãos. Os Apóstolos e evangelistas eram, afinal de contas, filhos fiéis de Israel, e haviam testemunhado a realização das promessas de Deus. São Mateus cita a profecia de Miqueias e a relaciona com o nascimento de Jesus. São Lucas também traça relações entre Jesus, o Rei Davi e Belém. José leva sua esposa grávida *à Cidade de Davi, chamada Belém, porque era da casa e família de Davi* (Lc 2, 4).

Nascer em Belém era uma marca do Messias. Esperava-se que isso acontecesse. E em Jesus, a expectativa se cumpre.

* * *

Foi um censo que levou José à cidade de seus ancestrais, mas foi Deus quem orquestrou o evento por meio de decretos que vieram da distante Roma e por meio da máquina burocrática da Síria provincial. São Lucas dá as especificações históricas do acontecimento, observando que Quirino era governador da Síria e César Augusto comandava o Império Romano.

A exatidão do evangelista acabou se tornando um obstáculo para alguns historiadores. Eles afirmam que esses detalhes não batem com a história factual de Roma, tal como nós a conhecemos a partir de outras fontes. Dizem que César Augusto nunca ordenou um censo que se estendesse a todo o império, e que o censo promovido pelo governador romano da Síria, Quirino, só aconteceu no ano 6 d.C. Ora, questionam esses pesquisadores, se o decreto de César Augusto é historicamente suspeito e o censo de Quirino só foi ocorrer muito depois da ida de José e Maria a Belém, como podemos ter certeza de que Jesus de fato nasceu na cidade natal de Davi?

Vamos por partes. É bem possível que César Augusto tenha ordenado «alistamentos» dos quais poucas evidências sobreviveram ao tempo. Sabemos que o imperador exigiu registros de diferentes tipos em diferentes épocas do seu governo. O historiador judeu Josefo conta que, durante o último ano do governo de Herodes, os habitantes da Judeia precisaram jurar lealdade a Augusto. Evidências arqueológicas confirmam que o mesmo tipo de juramento foi exigido dos habitantes de outros lugares por volta de 3 a.C. Isso pode significar que o registro descrito em Lucas (2, 1) tinha a ver com um juramento de aliança ao imperador, e não um censo feito com o propósito de taxar os cidadãos. Séculos depois, mais precisamente no século V d.C., um historiador cristão chamado Paulo Orósio afirmou que César Augusto ordenou a todos os cidadãos de todas as províncias romanas que se apresentassem e fizessem um juramento público. A descrição de Orósio sugere fortemente que esse juramento foi exigido no período imediatamente anterior ao ano 2 a.C., quando o povo romano saudou Augusto com o título de «primeiro dos homens». Augusto, por sua vez, nos diz em seus escritos pessoais que o Império Romano inteiro havia professado ver nele o «pai» do império. Isso se deu logo antes que ele recebesse o título oficialmente, também em 2 a.C. Essas duas linhas narrativas convergentes tornam possível que o censo mencionado em Lc 2 não tenha sido um registro de residentes feito para fins de taxação, mas sim um alistamento público de pessoas que foram expressar a sua lealdade ao imperador.

A participação de Quirino na história também apresenta um problema, embora esse talvez possa ser resolvido. Quirino é conhecido de outras fontes históricas. Sabemos que coordenou outro censo tributário pouco tempo depois de ter sido escolhido como legado provincial da Síria em 6 d.C. No entanto, considerando as evidências atualmente disponíveis, não sabemos se ocupou o cargo mais de uma vez ou se conduziu mais de um censo.

Diante disso, que fazer para encontrar o vínculo entre a carreira política de Quirino e um censo que aconteceu vários anos antes que ela sequer começasse? Para compreender isso, parece-me necessário ler o texto de Lucas com atenção.

A expressão grega que o evangelista usa em Lc 2, 2 para fazer referência ao cargo administrativo ocupado por Quirino é exatamente a mesma que ele usa ao falar de

Pôncio Pilatos em Lc 3, 1. Pilatos governava como procurador regional; não era legado de uma província romana inteira (como a Síria). Com isso, é possível que Lucas estivesse falando sobre Quirino como aquele que exercia um papel administrativo sem nenhuma relação com a posição que ocuparia mais tarde, quando foi nomeado legado provincial. Justino Mártir, um dos primeiros Padres da Igreja, parece defender essa hipótese. Ele nos diz que Quirino era «procurador» na Judeia (e não na Síria) na época do nascimento de Jesus. Lembremos que Justino viveu na Palestina menos de um século depois da época de Jesus; para ele, teria sido relativamente fácil checar os fatos. Além disso, por ter sido um apologista, Justino geralmente se dirigia aos opositores da fé, pessoas que estavam enormemente interessadas em descobrir e apontar cada um de seus erros.

Escrito no segundo século da era cristã, o testemunho de Justino sobre os eventos do século precedente tem tanta credibilidade quanto as conjecturas dos historiadores dos dias atuais. Afinal de contas, ele teve acesso a registros e documentos de valor inestimável que há muito tempo reduziram-se a pó.

Justino também nos permite compreender melhor o testemunho de um outro cristão ancestral, Tertuliano de Cartago, segundo o qual o legado oficial da Síria na época do nascimento de Jesus era Saturnino (e não Quirino). Quirino pode ter sido responsável por realizar um censo na Judeia (como o registro dos juramentos, em 3 a.C.) vários anos antes de ter conduzido o censo tributário do ano 6 d.C.

* * *

Os primeiros cristãos estavam convencidos de que Jesus era o Filho de Davi. Todos os quatro evangelhos atestam esse fato, assim como o faz São Paulo em suas epístolas (ver, por exemplo, Rom 1, 3 e 2 Tim 2, 8). Estavam convencidos também de que Jesus havia nascido em Belém; conforme observamos anteriormente, em meados do século I d.C., vários peregrinos cristãos começaram a viajar ao local de nascimento do Messias.

Por causa dessa devoção, e por causa das profecias, a pequena cidade de Belém continuou a exercer grande influência sobre o mundo exterior. Por volta de 135 d.C., os romanos construíram na gruta da natividade um templo dedicado a um de seus deuses. É provável que isso tenha sido feito para estancar o fluxo de peregrinos que visitavam a gruta (uma vez que os cristãos tinham horror a ídolos pagãos). Os romanos mantiveram o templo ali até o reinado de Constantino, no século IV d.C.

A tradição do Messias davídico era muito conhecida, mesmo fora de Israel. Um antigo historiador registra que ao final do século I d.C. o imperador romano Domiciano ainda temia que um «Filho de Davi» fosse surgir e se tornar seu rival. Por isso, fez com que os membros da linhagem de Davi fossem todos interrogados, mas percebeu que eram pobres a ponto de serem inofensivos[3].

Todos foram tomados de surpresa pelo Messias de Israel. O salmo de Salomão, por exemplo, que citamos no início deste capítulo, previu que o Filho de Davi iria «expulsar da herança os pecadores». Quem poderia imaginar, no entanto, que ele o faria perdoando seus pecados? O salmo previu também que o Filho de Davi destruiria os

---

(3) Eusébio de Cesareia, *História da Igreja*, 3, 20.

«governantes injustos». Quem poderia imaginar que ele o faria por meio da conversão do coração?

O imperador Domiciano, no fim das contas, não se impressionou. Mas milhões de romanos acreditavam nos eventos do Natal, e não demorou muito para que o Filho de Davi governasse os corações da maioria dos habitantes do império.

O Reino de Deus estendia-se até onde o Rei, Jesus Cristo, estivesse presente na sua Igreja. Como Rei, Jesus reinava pela Eucaristia. E os primeiros Padres da Igreja se alegravam ainda mais ao lembrar que até esse fato já estava prefigurado no nascimento do Messias em Belém.

Em hebraico, *Beth Lechem* significa «casa do pão». Assim, nada mais apropriado que o «Pão da Vida» se manifestasse pela primeira vez em Belém. É Jesus quem diz: *Eu sou o pão da vida. [...] Eu sou o pão que desceu do céu* (Jo 6, 35.41).

O estudioso dominicano Jerome Murphy-O'Connor, que dedicou a vida à arqueologia bíblica, costumava dizer que o nascimento de Jesus em Belém era um fato incontestável, e que não se devia subestimar a sua importância: «Se a Igreja dos primeiros cristãos pensava sobre Jesus em termos de messianismo davídico, como de fato pensava, não era por causa de algo que Ele tivesse dito ou feito, mas sim pelo que Ele era e pelo lugar de onde Ele vinha. E Ele vinha de Belém»[4].

---

(4) Jerome Murphy-O'Connor, OP, «Where Was Jesus Born?». *Bible Review*, 02.2000, pág. 54.

Capítulo 9
Você acredita em magos?

Se as relações entre Israel e Pérsia não eram lá muito amigáveis durante o reinado de Herodes, isso se devia a um passado de conflito entre as duas nações. Afinal de contas, o poderoso império persa já havia oprimido o povo judeu em mais de uma ocasião. Ademais, em meados do século I a.C., a Pérsia vivenciava os primeiros lances daquela que seria uma disputa de poder centenária contra o Império Romano, uma potência geopolítica que se expandia de maneira implacável.

Se havia uma coisa na qual judeus e romanos concordavam, era justamente no desprezo que tinham pelos persas, o império a Oriente. E tanto para os judeus como para os romanos, o caráter desprezível da Pérsia era simbolizado por seus «homens sábios», conhecidos como «reis magos», ou simplesmente «magos». Para o naturalista romano Plínio, o Velho, que foi contemporâneo de Jesus, a doutrina dos magos era «tão inacreditavelmente absurda, tão completamente repulsiva», e, ao mesmo tempo, «tão cheia de fantasias sedutoras», que tinha efetivamente o poder de «fascinar e dominar a mente humana»[1]. Séculos depois, o Talmude reconheceria esse poder de sedução e proibiria os judeus de buscar conhecimento a partir da instrução de um mago.

Os magos eram astrônomos e seguiam de perto o movimento dos corpos celestiais, a posição relativa das estrelas e as fases da lua, por exemplo. Afirmavam ser capazes de ler nos astros os indícios de eventos futuros. Segundo o relato de Plínio, sua doutrina «desenvolveu um grande poder de influência» que «se espalhou por boa parte do mundo conhecido, exercendo domínio sobre os reis dos reis do oriente»[2]. Os magos eram tão respeitados na Pérsia que chegavam a ser considerados os verdadeiros «soberanos por trás do trono», e por vezes eram chamados a governar territórios provinciais.

No Antigo Testamento, encontramo-los também como conselheiros do rei da Babilônia (cf. Dan 2, 48). Quando Nabucodonosor massacra os herdeiros de Davi e cega Zedequias, um mago aparece listado entre as testemunhas do ocorrido. Nergal-Sereser, por sua vez, era chefe dos magos e figura proeminente entre os oficiais da Babilônia (cf. Jer 39, 1-7).

Embora os magos fossem vizinhos dos judeus em termos geográficos, os dois estavam a anos-luz de distância em termos religiosos. De fato, os magos eram, em vários sentidos, a personificação do mundo dos gentios: eram estrangeiros e idólatras, e ignoravam e desprezavam os costumes de Israel e o seu Deus. Representavam o tipo de agente externo de contaminação que a lei havia sido

---

(1) Plínio, o Velho, *História natural*, 30, 1-2.
(2) *Ibidem*.

arquitetada para manter longe de Israel. Deus deu a lei aos israelitas justamente para mantê-los em quarentena, isolados da influência dos povos idólatras.

Havia, portanto, um desprezo mútuo entre os magos e os judeus, mas havia também um fascínio mútuo. Afinal de contas, se os judeus nunca tivessem se sentido atraídos pela sabedoria dos persas, não teriam sido necessários todos os avisos deixados na Bíblia e no Talmude.

Quanto aos magos, se não tinham interesse em conhecer o Deus de Israel, por que vasculhavam o céu em busca de sinais que indicassem a chegada do «Rei dos Judeus»?

* * *

> *Tendo, pois, Jesus nascido em Belém de Judá, no tempo do Rei Herodes, eis que magos vieram do oriente a Jerusalém. Perguntaram eles: Onde está o rei dos judeus que acaba de nascer? Vimos a sua estrela no oriente e viemos adorá-lo* (Mt 2, 1-2).

Já vimos que Herodes era extremamente paranoico. Vimos também que ele tinha a insegurança de um edomita que se sentia insultado pelos judeus de ascendência pura. Por fim, sabemos que sua paranoia e sua insegurança o levaram a analisar a Sagrada Escritura em busca de indícios de que seu poder pudesse estar ameaçado. Essa análise certamente o levou a uma das primeiras profecias a respeito do Messias: um oráculo de Balaão preservado na Torá:

> *Eu o vejo, mas não é para agora, percebo-o, mas não de perto: um astro sai de Jacó, um cetro levanta-se de*

Israel, que fratura a cabeça de Moab, o crânio dessa raça guerreira. Edom é sua conquista, Seir, seu inimigo, é sua presa. Israel ostenta a sua força. De Jacó virá um dominador que há de exterminar os sobreviventes da cidade (Num 24, 17-19).

Para um impostor edomita paranoico, os seguintes trechos devem ter saltado aos olhos: *um astro sai de Jacó, um cetro levanta-se de Israel..., Edom é sua conquista*.

Será que os magos viram o astro mencionado por Balaão? Será que foram capazes de identificar na profecia o presságio da queda de Herodes?

É possível também que conhecessem a profecia graças ao contato que tiveram com os judeus na Pérsia, e que tivessem entrevisto seu significado com muito mais clareza do que os líderes da religião judaica. Talvez *justamente por isso* estivessem observando o céu na expectativa de encontrar um astro desse tipo.

Herodes pressionou os magos e consultou representantes do seu próprio comitê religioso em busca de mais detalhes. A partir dessas duas fontes, esperava identificar o local e o momento exato do nascimento do Messias.

Os magos devem ter causado uma impressão de humildade e virtude em Herodes, razão pela qual ele também tentou parecer humilde. Herodes lhes diz: *Ide e informai-vos bem a respeito do menino. Quando o tiverdes encontrado, comunicai-me, para que eu também vá adorá-lo* (Mt 2, 8).

Os magos então seguiram seu caminho. Pouco tempo depois, diz o evangelista: *A aparição daquela estrela os encheu de profunda alegria* (Mt 2, 10).

Esse trecho merece uma reflexão mais detida, pois capta o momento exato em que Deus nos enviou a «Alegria do Mundo»; não apenas de Israel, mas de todo o mundo: das nações, dos estrangeiros e dos gentios.

Ao longo do Antigo Testamento, vários sinais indicavam que isso viria a acontecer. O salmista canta: *Hão de vos louvar, Senhor, todos os reis da terra, ao ouvirem as palavras de vossa boca* (Sal 137, 4). E ainda: *Os reis de Társis e das ilhas lhe trarão presentes, os reis da Arábia e de Sabá oferecer-lhe-ão seus dons.* (Sal 71, 10)

O profeta Isaías, por sua vez, previu a chegada de um tempo em que o povo de Israel, destemido diante do mundo e aberto aos dons vindos de outras nações, desfrutaria de grande prosperidade:

> *Essa visão tornar-te-á radiante; teu coração palpitará e se dilatará, porque para ti afluirão as riquezas do mar, e a ti virão os tesouros das nações. [...] Tuas portas ficarão abertas permanentemente, nem de dia nem de noite serão fechadas, a fim de deixar afluir as riquezas das nações sob a custódia de seus reis* (Is 60, 5.11).

* * *

Os magos foram a Jerusalém e, de lá, seguiram para Belém levando presentes consigo. São Mateus nos diz: *Depois, abrindo seus tesouros, ofereceram-lhe* [a Jesus] *como presentes: ouro, incenso e mirra* (Mt 2, 11).

Há muito tempo os cristãos refletem sobre o significado dos presentes oferecidos pelos magos. Orígenes de Alexandria, grande estudioso da Sagrada Escritura que viveu no século III d.C., diz, de maneira sucinta: «Ouro, para um rei; mirra, para um mortal; e incenso, para um

Deus»[3]. O simbolismo por trás dos presentes os torna especialmente apropriados a um bebê que era rei, homem e Deus.

Todos conhecemos o ouro e o incenso, e sabemos que estão associados, respectivamente, aos reis e aos templos. A mirra, por outro lado, pode ser desconhecida de alguns leitores atuais. Feita a partir de uma resina aromática extraída de árvores nativas do Oriente Médio, era usada na antiguidade como substância medicinal, como perfume e, mais importante para nós, como fluido embalsamador. Os corpos eram ungidos com mirra para desacelerar o processo de decomposição e disfarçar os odores da morte (cf. Jo 19, 39).

A análise de Orígenes serve como um bom resumo, mas está longe de ser definitiva. De fato, é necessária e funciona como ponto de partida para a nossa contemplação, mas é preciso ir mais longe.

É importante observar, por exemplo, que esses três elementos faziam parte do culto no local sagrado de Israel. No Templo, os receptáculos eram feitos do mais puro ouro (cf. Lev 24, 4-6), a fumaça do incenso ascendia com as preces dos sacerdotes (cf. Lev 16, 12-13) e a mirra era usada nos óleos próprios para unção (cf. Ex 30, 23). No momento em que Jesus recebe os presentes, portanto, vemos a transmissão da mais elevada autoridade sacerdotal àquele que era seu portador de direito: o Filho de Davi, Rei Messias de Israel.

Santo Efrém da Síria, que viveu no século IV d.C., alegrava-se ao notar que todos os presentes trazidos pelos

---

(3) Orígenes, *Contra Celso*, 1, 60. Cf. também: Santo Irineu de Lyon, *Adversus haereses*, 3, 9, 2.

magos eram criações de Deus. Os magos, portanto, estavam devolvendo a Deus o que Ele havia dado ao mundo. Mas o santo também observa que aqueles presentes haviam sido profanados pelo culto aos ídolos na terra natal dos magos; logo, precisavam ser purificados pelo contato com o Ungido de Israel: «O ouro que fora adorado agora adorava a Ti, quando os magos o ofereceram. Aquilo que fora adorado em imagens fundidas, agora adorava a Ti. Com seus adoradores, adorava a Ti»[4].

Por outro lado, ainda de acordo com Santo Efrém, os magos trouxeram a Belém mais do que presentes. Trouxeram, em primeiro lugar, a si mesmos, como representantes dos gentios, e trouxeram também todo o cosmos, que tanto haviam se esforçado para entender e que equivocadamente haviam adorado. A terra natal de Efrém era a mesma dos magos. Por isso, ele estava familiarizado com o culto idólatra dos persas. Mas em Belém, diz ele, «o sol rendia adoração» ao Deus verdadeiro, pois os «adoradores do sol [...] adoraram» a Cristo[5]. Quando os magos adoraram a Cristo, o próprio sol O adorou por meio deles.

A visita dos magos é um episódio breve na história do Natal, mas não devemos subestimar a sua importância. Ela sinaliza a salvação do mundo e a restauração da ordem cósmica, que havia sido perturbada com a queda da humanidade e dos Anjos.

Os primeiros cristãos que se converteram e abandonaram a idolatria (o «paganismo») apreciavam enormemente a história dos magos. Ela é citada repetidas vezes no

---

(4) Santo Efrém da Síria, *Hinos sobre a natividade*, 15, 29.
(5) *Idem*, 14, 11.

século II d.C. por autores de origens e contextos geográficos muito diversos, como São Justino Mártir, Taciano, Júlio Africano, Santo Irineu de Lyon e Tertuliano de Cartago. Também é mencionada na literatura cristã apócrifa produzida na mesma época.

Deus, portanto, havia estendido a sua alegria ao mundo, e o mundo respondia com adoração e celebração.

* * *

E quanto à estrela?

Já no século IV d.C., São João Crisóstomo apontava que seu movimento era diferente do movimento de qualquer outra estrela já vista. A maioria das estrelas – diz ele – se move de leste para oeste, como o sol. A que foi vista no Natal, no entanto, «movia-se de norte a sul, acompanhando a posição da Palestina com relação à Pérsia».

Ela também brilhava no céu em pleno meio-dia, acrescenta São João Crisóstomo, algo que «nenhuma estrela e nem mesmo a lua é capaz de fazer».

E o autor segue apontando outros elementos que indicam o caráter único da estrela. O astro brincou de esconde-esconde com os magos – diz ele – ao guiá-los até Jerusalém para, em seguida, desaparecer por um tempo e reaparecer depois. Mais uma vez, fica claro que não se trata de uma estrela comum.

Por fim, quando os magos se aproximavam do seu destino, o astro desceu do céu e pairou logo acima do lugar onde se encontrava a Sagrada Família.

«Essa estrela», conclui São João Crisóstomo, «não era como as outras; de fato, a mim me parece que não era sequer uma estrela, mas sim um poder invisível que tomou a forma visível de uma estrela»[6].

No capítulo 7, vimos que as estrelas no céu costumavam ser identificadas com os Anjos. O tema aparece na Bíblia, bem como em outros escritos judaicos do tempo de Jesus. O filósofo Fílon de Alexandria, por exemplo, especula que as estrelas «são criaturas vivas, mas feitas apenas de intelecto»[7].

Cientistas de grande talento dedicaram anos de trabalho à análise de textos antigos, ao estudo de diferentes calendários e à elaboração de equações, tudo isso para estabelecer uma relação entre a estrela de Belém e algum fenômeno astronômico conhecido (o Cometa Halley, por exemplo, ou um desses alinhamentos de planetas que ocorrem uma vez a cada século). Seus argumentos são engenhosos, mas não me convencem.

João Crisóstomo pode até ter sido pré-científico e pré-crítico em seu pensamento, mas estava longe de ser tolo. Sabia perfeitamente que as estrelas *não fazem* o que a estrela de Belém fez. Tendo a concordar com ele quando diz que essa foi mais uma aparição angelical no Natal. No princípio, Deus criou os céus e a terra, e todos os Anjos se viram precipitados no drama do cosmos. Agora, na noite de Natal, todos eles se encontram envolvidos no clímax desse drama.

Assim como João Crisóstomo, sou levado a concluir que um Anjo apareceu aos magos na forma de uma luz no céu e os levou ao verdadeiro objeto de adoração. Foi para isso que os Anjos foram criados, conforme dissemos antes.

---

(6) São João Crisóstomo, *Homilias sobre o Evangelho de Mateus*, 6, 3.
(7) Fílon de Alexandria, *De Plantatione*.

Essa interpretação também era aceita pelo Papa Gregório Magno (540-640). Ele notou ainda a grande diferença entre a maneira como os Anjos trataram os pastores e a maneira como trataram os magos. Os pastores, embora fossem judeus iletrados e de classe baixa, eram membros do povo escolhido, e haviam testemunhado a proclamação da verdade no decorrer de suas vidas. A eles, Deus envia Anjos que surgem sem qualquer disfarce, exatamente como eram de fato, e esses Anjos conversam com eles em linguagem corrente. «Por outro lado, foi um sinal, e não uma voz, que guiou os gentios», explica Gregório, «pois eles não estavam preparados para fazer uso total da razão no conhecimento do Senhor»[8].

Para entender o significado do Natal, os fiéis humildes que trabalhavam no campo estavam mais bem preparados do que os estudiosos e eruditos.

O que levou os magos à manjedoura em Belém, no entanto, foi sobretudo a sua disposição de conhecer a verdade. Isso era perceptível para os Anjos, e era a partir disso que eles operavam.

* * *

São Mateus é inacreditavelmente econômico nos detalhes. Se a história dos magos nos tivesse sido contada por Lucas, provavelmente saberíamos até o seu endereço na Pérsia. Mateus, por outro lado, nos diz apenas que eles vinham «do Oriente».

A Sagrada Escritura não nos conta quantos magos havia na cena. Tradições antigas afirmam serem três, mas isso

---

(8) Papa Gregório I, *Homilia sobre a Epifania* (décima homilia sobre os Evangelhos).

pode ter sido inferido a partir do número de presentes. Outras tradições nos contam seus nomes: Gaspar, Baltasar e Melchior; a Sagrada Escritura, no entanto, também não diz nada a esse respeito. O Evangelho sequer nos revela que eram persas, embora possamos partir do pressuposto de que o fossem pelo simples fato de serem magos.

A elite da cultura judaica não recebeu o anúncio dos Anjos mensageiros. Os sumos sacerdotes estavam ocupados demais com seus afazeres mundanos em lugares muito distantes de Belém. O Rei Herodes e sua corte, por sua vez, dedicavam suas atenções a intrigas e confortos.

As informações que temos sobre os magos são, a um só tempo, misteriosas e emocionantes. Os líderes religiosos do reino de Herodes perderam o Natal, mas um grupo de estrangeiros veio de longe para prestar suas homenagens.

Os magos – gentios, estrangeiros, pessoas consideradas impuras pelos judeus – vieram de terras distantes e se juntaram aos pastores em humilde adoração.

O senhor ordenou: Sai pelos caminhos e atalhos e obriga todos a entrar, para que se encha a minha casa. (Lc 14, 23)

E os magos se encheram *de profunda alegria* (Mt 2, 10).

Capítulo 10
A alegria entre os pastores

É improvável que o Rei Herodes tivesse ficado tão impressionado com o testemunho dos pastores quanto ficou com a opinião dos magos. Os pastores eram homens humildes, de pouco poder e poucas posses. Vestiam-se não segundo as convenções dos salões de banquete, mas sim para encarar as intempéries do clima. E cheiravam a ovelha, como todo pastor. Os magos podiam conseguir uma audiência com o Rei Herodes; os pastores, provavelmente não.

Talvez tivesse sido diferente na corte do Rei Davi. Afinal de contas, ele próprio era pastor. Davi continuou cuidando das ovelhas de seu pai Jessé mesmo depois de ter começado a ascender na hierarquia militar sob o comando do Rei Saulo (1 Sam 17, 15). Quando chegou o tempo de Davi se tornar rei, Deus, por meio do profeta, diz: *És tu que apascentarás o meu povo e serás o chefe de Israel* (2 Sam 5, 2; cf. também 1 Cron 11, 2).

Davi nunca esqueceu suas origens. Em seus versos mais conhecidos, ele exalta a Deus tratando-O não como rei poderoso, mas sim como pastor:

> *O Senhor é meu pastor, nada me faltará.*
> *Em verdes prados ele me faz repousar.*
> *Conduz-me junto às águas refrescantes,*
> *restaura as forças de minha alma.*
> *Pelos caminhos retos ele me leva, por amor do seu nome*
> (Sal 22, 1-3).

Davi ousa dirigir-se a Deus como Pastor Divino, um Deus que guia, alimenta, cuida, restaura, protege, reconforta e sustenta o povo que Ele escolheu para ser seu rebanho.

A salvação, para Davi, vem envolta no bom pastoreio de Deus: *Salvai, Senhor, vosso povo e abençoai a vossa herança; sede seu pastor, levai-o nos braços eternamente* (Sal 27, 9).

E Davi não foi o primeiro a se valer dessa analogia; também os hebreus, em sua origem, eram pastores. Abraão viveu como nômade, vagando com seu rebanho de Ur da Caldeia às terras que Deus lhe havia prometido. De fato, mesmo antes de Abraão, no alvorecer da humanidade, a Torá já identificava Abel, o pastor, como sendo a parte justa e íntegra de sua geração.

Jacó, por sua vez, conversava com um grupo de pastores quando viu Raquel, sua amada (cf. Gen 29, 1). Ao nobre José, patriarca e sonhador, foi designada a atividade pastoral (cf. Gen 37, 2). Esse traço da identidade dos hebreus chegou a protegê-los – por algum tempo – dos egípcios, que tinham aversão ao pastoreio (cf. Gen 46,

34). O livro do Gênesis termina com o patriarca Jacó abençoando seus filhos; nesse trecho, ele se refere a Deus como «o Pastor» (cf. Gen 49, 24).

A vocação pastoral de Israel é retomada imediatamente após os anos de escravidão no Egito. Moisés cuidava do rebanho quando foi chamado a ser o libertador de seu povo (cf. Ex 3, 1). A jornada descrita no livro do Êxodo é definida pelo pastoreio, conforme atestam as palavras ditas por Deus a Israel: *Vossos filhos guardarão os seus rebanhos durante quarenta anos* (Num 14, 33).

Essa identidade pastoral tem raízes profundas, de maneira que os rebanhos de ovelhas estão no cerne das principais metáforas de que Israel se serve a fim de compreender a si próprio. Quando as pessoas pecam, por exemplo, se diz que «se perderam» (Sal 118, 67), como às vezes acontece com as ovelhas, e que estão espalhadas *pelas montanhas como um rebanho sem pastor* (1 Re 22, 17). Os líderes são considerados bons ou maus pastores. Nesse contexto, Davi aparece como o arquétipo do «bom pastor» para seu povo.

Israel esperou longos séculos até que se erguesse outro pastor como Davi. Por meio dos profetas, Deus faz uma promessa: *Dar-vos-ei pastores segundo o meu coração, os quais vos apascentarão com inteligência e sabedoria* (Jer 3, 15). O profeta Ezequiel, por sua vez, previu que o Bom Pastor viria da casa de Davi: *Meu servo Davi será o seu rei; não terão todos senão um só pastor; obedecerão aos meus mandamentos, observarão as minhas leis e as porão em prática* (Ez 37, 24, escrito vários anos depois da morte de Davi).

O estudo dos pastores de Israel é, portanto, uma genealogia de seus redentores: Abraão, Jacó, José, Moisés e

Davi. Todos tiveram seus defeitos e todos prefiguraram o Messias que estava por vir.

* * *

Diante de tudo isso, não é nenhuma surpresa que encontremos os pastores no nascimento de Jesus. Ao longo da história dos homens, Deus lhes demonstrou seu apreço.

Mas os líderes religiosos e políticos do tempo de Jesus tratavam-nos com desdém. O trabalho dos pastores exigia assiduidade, e o tempo que passavam no campo frequentemente os impedia de observar as centenas de leis de pureza ritual impostas pelos fariseus. Era comum naquela época a noção de que apenas os ricos podiam desfrutar do tempo livre necessário para observar a lei, e que, portanto, só eles seriam salvos. Jesus causa grande choque ao declarar: *É mais fácil passar o camelo pelo fundo duma agulha do que um rico entrar no Reino de Deus* (Lc 18, 25). Os ouvintes respondem: *Então quem poderá salvar-se?*

Ninguém achava, portanto, que os pastores da região de Belém estavam pré-escalados para a «seleção dos salvos».

Os pastores viviam ao ar livre e estavam constantemente em contato com o sangue e os dejetos de seus animais. Eram sujos, ao contrário dos membros da elite farisaica ou da refinada corte do Rei Herodes.

No entanto, foi aos pastores – e não ao rei ou aos sacerdotes – que Deus enviou o anúncio do nascimento de seu Filho:

A ALEGRIA ENTRE OS PASTORES

Havia nos arredores uns pastores, que vigiavam e guardavam seu rebanho nos campos durante as vigílias da noite. Um anjo do Senhor apareceu-lhes e a glória do Senhor refulgiu ao redor deles, e tiveram grande temor. O anjo disse-lhes: Não temais, eis que vos anuncio uma boa nova que será alegria para todo o povo: hoje vos nasceu na Cidade de Davi um Salvador, que é o Cristo Senhor. Isto vos servirá de sinal: achareis um recém-nascido envolto em faixas e posto numa manjedoura. E subitamente ao anjo se juntou uma multidão do exército celeste, que louvava a Deus e dizia: Glória a Deus no mais alto dos céus e na terra paz aos homens, objetos da benevolência divina. Depois que os anjos os deixaram e voltaram para o céu, falaram os pastores uns com os outros: Vamos até Belém e vejamos o que se realizou e o que o Senhor nos manifestou. Foram com grande pressa e acharam Maria e José, e o menino deitado na manjedoura. Vendo-o, contaram o que se lhes havia dito a respeito deste menino. Todos os que os ouviam admiravam-se das coisas que lhes contavam os pastores. Maria conservava todas estas palavras, meditando-as no seu coração. Voltaram os pastores, glorificando e louvando a Deus por tudo o que tinham ouvido e visto, e que estava de acordo com o que lhes fora dito (Lc 2, 8-20).

Deus não enviou apenas um Anjo aos pastores, mas uma multidão celestial, como havia feito com Jacó e Josué quando precisaram (cf. Gen 28 12; 31, 1-2; Jos 5, 13-15). Assim como na época de Jacó e de Josué, a natividade era tempo de conquista, e os justos que andavam sobre a terra precisavam da ajuda constante dos céus.

Os humildes pastores certamente ficaram maravilhados com o que viram. Talvez tivessem ouvido falar de visões angelicais que ocorriam no santuário do Templo, sendo testemunhadas pelos sacerdotes que ali serviam, mas sem dúvida nunca tinham ouvido falar de uma visão que se manifestasse bem ali, numa pastagem suja nos arredores de Belém, e que fosse testemunhada por um grupo de pastores.

Os Anjos ensinaram aos pastores um canto que jamais seria esquecido pela Igreja: «Glória a Deus nas alturas e paz na terra aos homens de boa vontade». O antiquíssimo *Liber Pontificalis* (do latim, *Livro dos Pontífices*) nos diz que o canto faz parte da Missa desde os tempos mais remotos, e que foi inicialmente trazido para a liturgia pelo Papa São Telésforo (por volta de 126 d.C.), que o incorporou à Missa de Natal[1].

De fato, o canto é bastante oportuno, já que, conforme lemos no Evangelho, «a glória do Senhor refulgiu ao redor» por meio da presença dos Anjos. Essa glória não era uma simples aura de esplendor luminoso. Tinha um significado bastante preciso para os judeus devotos; representava a *Shekhinah*, uma «nuvem gloriosa» que brilhava e ardia no Santo dos Santos do Tabernáculo e do Templo (cf. Ex 40, 35; 2 Cron 7, 2), mas que não se mostrava desde a época em que o primeiro Templo fora destruído. A *Shekhinah* era o sinal visível da presença invisível de Deus.

Certamente, os pastores também tinham ouvido falar de acontecimentos desse tipo sendo testemunhados por sacerdotes no Templo em Jerusalém, mas não por pastores em Belém.

---

(1) Cf. *Liber Pontificalis*, Columbia University Press, Nova York, 1916, págs. 12-13. Tradução para o inglês de Louise Ropes Loomis.

Aos pobres chega a boa nova da salvação: *um Salvador, que é o Cristo Senhor* (Lc 2, 11). Os excluídos são, portanto, os primeiros a receber o Evangelho, e são também os primeiros a evangelizar o mundo: *Voltaram os pastores, glorificando e louvando a Deus por tudo o que tinham ouvido e visto, e que estava de acordo com o que lhes fora dito* (Lc 2, 20).

O relato dos pastores se encerra com uma nota de espanto, glória e louvor. É o primeiro vislumbre que nós, como leitores, temos da *alegria* que marca o Evangelho de São Lucas (cf. Lc 2, 20; 5, 26; 7, 16; 13, 13; 17, 15; 18, 43; 24, 53). A alegria dada a uns poucos homens deve ser levada ao mundo todo, começando pelos que estão mais perto do lugar onde ela nasceu. Nesse contexto, os pastores surgem como exemplos de uma evangelização repleta de alegria.

* * *

Jesus é um rei muito maior do que Herodes ou César Augusto. No entanto, não constrói um palácio em Jerusalém; em vez disso, faz sua morada numa humilde gruta em Belém, e escolhe pastores para serem seus primeiros súditos.

Jesus se apresenta como pastor ao longo de toda a sua trajetória. Afirma ser o Bom Pastor (cf. Jo 10, 11-14) e encara a humanidade como seu rebanho. *Vendo a multidão, ficou tomado de compaixão, porque estava enfraquecida e abatida como ovelhas sem pastor* (Mt 9, 36).

Conforme aprendemos com as genealogias, a natividade recapitula vários acontecimentos anteriores. A figura do pastor, por exemplo, retoma eventos importantes da história de Israel, como a criação, a vocação de Abraão, o êxodo, os reis e o exílio. Mais diretamente, o nascimento de Jesus remonta a Davi, que era, de fato, um pastor, e um pastor habilidoso (tanto no sentido literal como no metafórico). Mas Davi também tinha seus defeitos e acabou decepcionando seu rebanho. Quando isso ocorreu, Deus o castigou utilizando termos compreensíveis para um pastor, referindo-se à vítima de Davi (Urias, o Hitita) como «uma ovelha pequenina» (2 Sam 12, 3).

A Davi, no entanto, Deus prometeu um filho, que também seria Filho de Deus, e que seria um bom pastor para o seu povo. A notícia de sua chegada seria ouvida primeiro nas pastagens dos companheiros de profissão de Davi; em seguida, se espalharia pelo mundo como alegria.

Capítulo 11
A glória do povo de Deus: a apresentação

Fora dos Evangelhos de Mateus e de Lucas, o Novo Testamento alude muito brevemente – e apenas de passagem – ao nascimento de Jesus. Já vimos, por exemplo, a representação dramática, cósmica e simbólica do Apocalipse. A versão de São Paulo é bem mais econômica, mas também é teologicamente rica: *Mas quando veio a plenitude dos tempos, Deus enviou seu Filho, que nasceu de uma mulher e nasceu submetido a uma lei, a fim de remir os que estavam sob a lei, para que recebêssemos a sua adoção* (Gal 4, 4-5).

O Deus que havia dado a lei – a Moisés, por meio dos Anjos, para o povo de Israel – agora se submetia à lei. Ao encarnar como judeu, Ele se vinculou àquele povo em particular e cumpriu o rito de iniciação que eles cumpriam desde os tempos de Abraão. Lucas nos diz: *Completados que foram os oito dias para ser circuncidado o menino, foi-lhe posto o nome de Jesus, como lhe tinha chamado o anjo, antes de ser concebido no seio materno* (Lc 2, 21). A aliança entre Deus e Israel era «a aliança da circuncisão» (cf. At 7, 8) e, embora Jesus, como Deus, não fosse obrigado a cumprir a lei, Ele era o único que a podia cumprir com perfeição, precisamente por ser Deus e, portanto, livre do pecado. Foi exatamente isso que Ele fez: cumpriu a lei, e seus pais O levaram para ser circuncidado, talvez na sinagoga em Belém.

Os cristãos sempre viram nesse momento uma antecipação da crucifixão de Cristo. Ali, seu sangue, cujo valor era infinito, foi derramado pela primeira vez. Por causa da perfeição de Jesus, o rito da circuncisão por si só tinha poder suficiente para redimir o mundo; no entanto, Ele quis cumprir a sua trajetória de maneira mais perfeita e se doar de maneira mais completa. Ele foi obediente à sua própria lei, *obediente até a morte* (Fil 2, 8).

A circuncisão costumava ser feita no oitavo dia e certamente exigia muito da criança. O ritual seguinte, de acordo com a lei, ocorria no quadragésimo dia, e exigia muito dos pais. Depois de Maria ter enfrentado a provação de dar à luz num lugar distante – e dentro de um estábulo! –, a Sagrada Família partiu em mais uma jornada, dessa vez rumo a Jerusalém.

* * *

O filho de Maria e José era o Filho de Davi, o grande rei-sacerdote. Jerusalém era, portanto, sua cidade por direito inato. Na capital de Davi, as paredes cercavam a «Cidade do Grande Rei» (Monte Sião; cf. Mt 5, 35), bem como o Monte do Templo. Jerusalém era o lugar donde Davi governava e onde executava seus ritos; era o lar privilegiado do monarca, mas, mais importante do que isso, era o santuário da presença de Deus na terra.

Por essas razões, Jerusalém é fundamental em todos os Evangelhos, mas em nenhum deles o culto sacrificial ganha tanto destaque quanto no Evangelho de São Lucas. Vale lembrar que Lucas é simbolicamente representado pelo touro justamente porque esse animal costumava ser oferecido em sacrifício. Lucas começa seu Evangelho no lugar sagrado do Templo, onde o Arcanjo Gabriel aparece ao sacerdote Zacarias. Em seu Evangelho, a linha narrativa sempre volta a Jerusalém e ao Templo.

No contexto da lei ancestral, essa ênfase fazia sentido. A Torá prescrevia que cada mulher que desse à luz deveria esperar quarenta dias e então seguir em peregrinação ao Templo com o intuito de «purificar-se». Além disso, o filho primogênito deveria acompanhar a sua mãe para ser «resgatado» – ou seja, comprado de volta –, como se fazia com os jumentos no momento da purificação. A comparação pode até parecer ofensiva, mas consta do próprio texto bíblico: *Entretanto, resgatarás com um cordeiro todo primogênito do jumento; do contrário, quebrar-lhe-ás a nuca. Todo primogênito dos homens entre teus filhos, resgatá-lo-ás igualmente* (Ex 13, 13).

A narrativa de Lucas, no entanto, é bastante peculiar. O evangelista não diz que Jesus estava sendo «resgatado», mas sim que estava sendo «dedicado» ou «apresentado» no Templo. Há aí uma diferença importante[1], já que a lei

---

(1) Analisei os detalhes da apresentação de Cristo, bem como sua relação com as instruções contidas em Ex 13, na obra: *Kinship by Covenant: A Canonical Approach to the Fulfillment of God's Saving Promises*, Yale Anchor Bible Reference Library, New Haven, 2009, págs. 166-172.

não exigia a *apresentação* de cada primogênito. O que o livro do Êxodo exigia era que todos os primogênitos do sexo masculino fossem *resgatados*.

Qual o motivo da divergência? Lucas parece estar retratando Jesus como um primogênito santo, que já nasceu com o *status* de sacerdote[2]. O trecho do seu Evangelho que menciona o primogênito (cf. Lc 2, 23) é baseado não na lei do resgate (Ex 13, 13), mas sim em Ex 13, 1-2, que diz respeito à con*sagração do primogênito ao Senhor*: *O Senhor disse a Moisés: «Consagrar-me-ás todo primogênito entre os israelitas, tanto homem como animal: ele será meu»* (Ex 13, 1-2).

De fato, Lucas não registra nenhum ritual de resgate feito em favor de Jesus[3]. Ele não foi resgatado, e isso fugia da normalidade. Um dos vários estudiosos a notar o fato foi Charles Talbert, especialista em Novo Testamento:

> A prescrição de Ex 13, 2 a respeito do filho primogênito cumpre-se de maneira literal em Jesus, o primogênito (Lc 2, 7) que não foi resgatado (Ex 13, 13; Num 3, 47; 18, 16). Contrariamente ao costume, Jesus foi dedicado a Deus e permaneceu como sua propriedade. [...] O paralelo que mais se aproxima dessa ênfase pode ser encontrado em 1 Sam 1-2, trecho no qual Ana, após o nascimento de Samuel, entrega-o ao

---

(2) Note-se a descrição de Jesus como primogênito de Maria em Lc 2, 7, bem como os comentários de Joseph A. Fitzmeyer em: *The Gospel According to Luke I–IX*, Anchor Bible series vol. 28, Doubleday, Garden City, 1980.

(3) Ver: Pablo Gadenz, «The Priest as Spiritual Father». *Catholic for a Reason: Scripture and the Mystery of the Family of God*, Emmaus Road Publishing, Steubenville, 1998, págs. 228-229.

Senhor pelo tempo que ele viver. [...] Se Jesus, de maneira similar, foi entregue a Deus e não foi resgatado, pertencia a Deus para sempre. Isso explicaria o motivo pelo qual Jesus não compreendeu por que seus pais não sabiam onde encontrá-lo em Jerusalém (Lc 2, 48-49): sendo Ele de Deus, era de se esperar que estivesse na casa de seu Pai, como Samuel. No nível da narrativa, Jesus ali se identificava pessoalmente com as decisões que seus pais tomaram a seu respeito pouco tempo depois do seu nascimento[4].

Lucas, portanto, apresenta Jesus como um primogênito único em sua virtude. Ao contrário dos outros israelitas, Ele não precisou ser *resgatado* do serviço ao Senhor, uma vez que não era impuro; em vez disso, foi consagrado como primogênito (Ex 13, 1-2)[5].

De acordo com a Epístola aos Hebreus, é por isso que Deus exalta a Cristo como seu Filho primogênito (Heb 1, 6), como Sumo Sacerdote e como Rei (Heb 5, 6; 6, 20; 7, 11.17). Jesus vai a Jerusalém para cumprir o pacto sacerdotal de maneira a concluí-lo, mas também para *incluí-lo* na aliança de Deus com a casa de Davi[6]. Jesus, o

---

(4) Charles H. Talbert, *Reading Luke: A Literary and Theological Commentary on the Third Gospel*, Crossroads, Nova York, 1989, pág. 36. Cf. também: B. Reicke, «Jesus, Simeon, and Anna (Luke 2:21-40)». *Saved by Hope: Essays in Honor of Richard C. Oudersluys*, Eerdmans, Grand Rapids, 1978, pág. 100.

(5) Cf. H. D. Park, *Finding* Herem? *A Study of Luke-Acts in the Light of Herem*, Library of New Testament Studies vol. 357, T&T Clark, Nova York, 2007, pág. 160.

(6) Cf. Jon D. Levenson, *Theology of the Program of Restoration of Ezekiel*, Scholars Press, Missoula, 1976, págs. 40-48, 150: «A teologia da Epístola aos Hebreus apresenta Jesus como herdeiro das duas alianças eternas, isto é, a davídica e a sacerdotal».

Ungido, é o único herdeiro ao sacerdócio e à monarquia. Recupera para a humanidade a soberania e o sacerdócio que Adão havia recebido de Deus, mas que havia perdido ao cometer o pecado original.

E, no entanto, não se trata aqui de uma simples restauração. Deus vai além disso. Em Cristo, a humanidade não retrocede simplesmente a um paraíso terreno nos moldes do Éden; em vez disso, ela é *convertida* e alçada para o alto rumo à Igreja, isto é, à *assembleia festiva dos primeiros inscritos no livro dos céus* (Heb 12, 23).

São Lucas é frequentemente apontado como autor da Epístola aos Hebreus, e não é difícil entender o porquê. Os temas introduzidos no terceiro Evangelho – o sacrifício, o santuário e o sacerdócio – são desenvolvidos em profundidade nessa carta. Aquilo que começa no Templo terreno encontra conclusão na Igreja celestial, e essa conclusão está em Hebreus.

Quando Cristo entra no Templo para ser apresentado, Ele o faz como Sumo Sacerdote por direito; com a apresentação, Ele é consagrado para exercer esse papel. Jesus chega como o sacerdote há muito esperado. Ao mesmo tempo, Ele é o sacrifício. De fato, Jesus é o verdadeiro Templo (cf. Jo 2, 19-21), conforme sua vida vai nos mostrar.

* * *

Havia um segundo rito a ser cumprido quarenta dias depois do nascimento, um rito prescrito às mães. Segundo a lei, toda mãe deveria oferecer um sacrifício para a purificação do seu filho recém-nascido.

Isso não significa que a lei considerasse o sexo ou a feminilidade ou o nascimento como coisas «sujas» e pecaminosas, embora essa leitura equivocada seja bastante difundida hoje em dia. Assim como o sacerdote precisava purificar os recipientes sagrados toda vez que eram usados na liturgia do Templo (depois da libação do vinho, por exemplo, ou do ato sacrificial feito sobre o altar), da mesma forma uma mulher que dava à luz precisava ser purificada após o uso santo do seu corpo para gerar um filho.

Ao mesmo tempo em que reconhece a sacralidade do recipiente, a purificação renova essa sacralidade para que o recipiente possa novamente cumprir os santos propósitos de Deus. Depois de purificados, os recipientes podem voltar a ser usados pelos sacerdotes na liturgia do Templo; depois de quarenta dias, o corpo da mulher era purificado para que ela pudesse se unir novamente ao marido em comunhão matrimonial. É fundamental compreender a profunda analogia entre o Templo e o corpo, tanto aqui como em outros trechos da Sagrada Escritura (cf. Jo 2, 19-21; 1 Cor 3, 16; 6, 19; 7, 14-15; 2 Cor 4, 7; 5, 1-10; 6, 14-7, 1).

Além disso, o sangue era considerado, com razão, uma força vital (cf. Lev 17, 11). Era, portanto, um dom de Deus, assim como a própria vida. Dizia-se que o sangue «maculava» o corpo assim como, de acordo com os rabinos ancestrais, os pergaminhos da Sagrada Escritura «maculavam» as mãos de quem os tocava[7]. Os homens que entram em contato com o sagrado despertam para

---

(7) Para uma discussão sobre como a Escritura «conspurcava as mãos», ver: James D. G. Dunn (org.), *Jews and Christians: The Parting of the Ways, A.D. 70 to 135*, Eerdmans, Grand Rapids, 1999, 12f.

a consciência profunda de sua indignidade, como vemos tantas vezes na Sagrada Escritura (ver, por exemplo, Dan 8, 17-18; Lc 5, 8).

Maria não tinha pecados. Ela era «cheia de graça» e não precisava de qualquer tipo de purificação. Entretanto, ela sabia que a graça é um dom divino que não podia conceder a si mesma. Em sua humildade, ela então se submete à lei que exigia a purificação.

* * *

Enquanto estavam no Templo por ocasião dos ritos, os membros da Sagrada Família encontraram um senhor e uma senhora, Simeão e Ana. A aparição dos dois é breve, mas significativa.

Segundo nos conta São Lucas, Ana vinha de Aser, uma das tribos do norte que haviam se perdido e se dispersado ao longo dos séculos. Sua presença no Templo, dando boas-vindas ao Messias, sinaliza a restauração da unidade de Israel tal como ela existia sob o Rei Davi. Ana é identificada como profetisa, e, de fato, ela viu as coisas como eram, e não apenas como pareciam ser. Ela proclamou Jesus como redentor (cf. Lc 2, 36.38).

Simeão também anunciou que Jesus era o Salvador não apenas de Israel, mas sim de *todos os povos, como luz para iluminar as nações* (Lc 2, 31-32).

Mas nem tudo foram flores e celebração. Simeão também se dirigiu a Maria e lhe disse:

> *Eis que este menino está destinado a ser uma causa de queda e de soerguimento para muitos homens em Israel,*

e a ser um sinal que provocará contradições, a fim de serem revelados os pensamentos de muitos corações. E uma espada traspassará a tua alma (Lc 2, 34-35).

A salvação havia chegado, mas seu desenrolar seria uma provação tanto para a mãe como para o seu Filho.

Capítulo 12
Uma viagem de alegria

Minha esposa Kimberly e eu temos familiares espalhados por diferentes regiões dos Estados Unidos. Minha mãe mora num estado vizinho ao nosso. Os pais de Kimberly construíram uma casa e foram morar na região oeste do país, assim como nosso segundo filho e sua crescente família. Nosso mais velho, por sua vez, foi morar com a família no meio-oeste, e nossa única filha vive com seu marido e seu filho na Costa Leste.

Para a família Hahn, portanto, o Natal significa viajar, com todas as preocupações e os incômodos que isso supõe. Numa sociedade altamente móvel como a nossa, esse tem sido o significado do Natal para mais e mais pessoas, ano após ano.

E é assim que deve ser. As famílias *devem* fazer um esforço para se encontrar por ocasião das festas, e o Natal, no fim das contas, favorece esse movimento. Trata-se, afinal de contas, da comemoração bíblica cuja história tem mais a ver com viagem.

Pensemos sobre o assunto:

- Mal começada a história, Maria, já grávida de Jesus, vai de Nazaré à região montanhosa da Judeia para se colocar ao serviço de seus familiares Zacarias e Isabel, que precisavam de ajuda.
- Em algum momento, Maria deve ter feito a viagem de volta a Nazaré.
- Mais tarde, quando estava prestes a dar à luz, Maria viajou de Nazaré a Belém acompanhada por José, por ocasião do censo.
- Quarenta dias depois do nascimento de Jesus, a família foi de Belém a Jerusalém para cumprir os ritos sagrados de purificação e consagração.

A Sagrada Família não precisou percorrer tantos quilômetros quantos a minha família percorre todo ano, mas sua jornada certamente foi mais árdua. Aviões, trens e carros podem até causar algum incômodo, mas são muito mais confortáveis do que um burrinho avançando lentamente por uma estrada de terra.

Além disso, essas quatro viagens foram apenas o começo para Jesus, Maria e José. Depois de terem concluído suas obrigações religiosas em Jerusalém, os três tiveram de enfrentar seu itinerário mais desafiador: uma viagem que deve tê-los pego de surpresa.

* * *

Herodes ficou enfurecido ao perceber que os magos não retornaram. Partindo do pressuposto de que haviam encontrado o pretendente ao seu trono – e sabendo que o Messias havia de nascer em Belém –, o rei *mandou massa-*

crar em Belém e nos seus arredores todos os meninos de dois anos para baixo (Mt 2, 16).

A tradição cristã se refere a esse episódio como o Massacre dos Inocentes. Os céticos, por sua vez, observam que o evento não aparece em nenhuma outra crônica sobre o reinado de Herodes. Mas não surpreende que seja assim: as crueldades do rei foram muitas, e a maioria só aparece registrada numa fonte; em geral, Josefo. E mesmo aí, em Josefo, o catálogo é mais representativo do que exaustivo, já que o historiador judeu escolheu os episódios que mais bem representavam, para ele, as características de um governo despótico. Mas o número de vítimas do massacre de Belém era relativamente baixo. Belém era uma cidade pequena, e é possível que o massacre tenha envolvido não mais que seis crianças, todas de famílias pouco relevantes na pirâmide social. Num reinado como o de Herodes, esse teria sido um massacre menor, e dificilmente teria chamado a atenção dos historiadores.

Entretanto, o evento é compatível com o que sabemos sobre Herodes. Ele era um rei homicida, inseguro a ponto de ser paranoico, e matava sem nenhum remorso. Já demos ao leitor uma amostra disso: Herodes matou uma de suas esposas e três de seus filhos, assassinou os sacerdotes cujas interpretações da Sagrada Escritura o incomodavam e fez mais algumas centenas de vítimas por meio de expurgos esporádicos.

Para um homem assim, que importância teria o assassinato de mais algumas crianças e bebês?

Os historiadores podem ter ignorado o infanticídio, mas ele causou grande impacto entre os locais. São Mateus transmite essa tristeza profunda com um lamento vindo do Antigo Testamento: *Cumpriu-se, então, o que foi dito pelo profeta Jeremias: Em Ramá se ouviu uma voz, choro e grandes lamentos: é Raquel a chorar seus filhos; não quer consolação, porque já não existem!* (Mt 2, 17-18)

A Igreja sempre se lembrou das jovens vítimas de Herodes como mártires, que vem do termo grego *martus*, «testemunha numa corte legal». Como todos os mártires, os Santos Inocentes morreram *in odium fidei*, por causa do ódio contra a fé. Por sua morte, prestaram testemunho a Jesus como Messias. A comemoração feita em sua homenagem cai na semana posterior à do Natal (atualmente, dia 28 de dezembro, a menos que a data caia num domingo) e faz parte do calendário cristão desde o início da Igreja. Nas Missas celebradas nesse dia, os padres vestem vermelho para relembrar o sangue que foi derramado por Cristo.

* * *

É um milagre que o sangue de Jesus não tenha sido derramado junto com o dos bebês massacrados. São Mateus, única fonte a registrar a história, apresenta o resgate de Cristo em termos dramáticos, como uma intervenção angelical que exigia resposta imediata:

> *Depois de sua partida, um anjo do Senhor apareceu em sonhos a José e disse: Levanta-te, toma o menino e sua mãe e foge para o Egito; fica lá até que eu te avise, porque Herodes vai procurar o menino para o matar. José levantou-se durante a noite, tomou o menino e sua mãe e partiu para o Egito. Ali permaneceu até a morte de Herodes para que se cumprisse o que o Senhor dissera pelo profeta: Eu chamei do Egito meu filho. Com a morte de Herodes, o anjo do Senhor apareceu em sonhos a José, no Egito, e*

disse: Levanta-te, toma o menino e sua mãe e retorna à terra de Israel, porque morreram os que atentavam contra a vida do menino (Mt 2, 13-15.19-20).

O evento tem múltiplas reverberações. Frequentemente, é possível ouvir ecos do Antigo Testamento nesses primeiros capítulos do Novo Testamento. Nessa história, encontramos Jesus retraçando os passos de Israel no período obscuro de sua escravidão sob o faraó egípcio. São Mateus cita o profeta Oseias (11, 1): *do Egito chamei meu filho*. Vemos, portanto, que Oseias aponta para o passado (o êxodo de Israel), mas também para o futuro (o exílio de Cristo). Além disso, Jesus é identificado como «filho» de Deus, prefigurado pela nação de Israel e agora plenamente realizado em Cristo.

O Egito tem um lugar ambíguo na história da salvação. Para Israel, é frequentemente um refúgio. Durante os tempos de fome, o patriarca Abraão (Abrão) levou sua família àquele país para se alimentar (cf. Gen 12, 10). Quando a fome voltou a atacar, já no tempo de Jacó, os «filhos de Israel» foram de novo ao Egito para buscar grãos (cf. Gen 42, 5). Vários séculos depois, Jeroboão novamente buscou refúgio no Egito quando Salomão queria matá-lo (cf. 1 Re 11, 40); o mesmo fez o profeta Urias em seu momento de aflição (cf. Jer 26, 21).

O Egito era um lugar de asilo e proteção, mas também tinha ligações obscuras com os pecados mais graves. José, filho de Jacó, foi vendido ali por seus próprios irmãos como escravo, um pecado que, passado algum tempo, levaria à escravização longa e brutal de uma nação inteira. Foi durante o período de trabalhos forçados no Egito que muitos israelitas caíram no hábito da idolatria, a adoração dos deuses egípcios. Quando, por fim, se viram livres, caíram novamente na adoração de Ápis, o deus-touro egípcio, representado por um bezerro de ouro.

Moisés resgatou os israelitas da escravidão no Egito, e São Mateus apresenta Jesus como um novo Moisés, maior do que o primeiro, resgatando seu povo da escravidão do pecado.

Tanto Jesus como Moisés tiveram a sua vida ameaçada na infância por um decreto que ordenava o assassinato de meninos hebreus (cf. Ex 1, 15-16 e Mt 2, 13). Os dois encontraram abrigo temporário no Egito (cf. Ex 2, 5-10 e Mt 2, 20). Mais tarde, ambos passaram quarenta dias e quarenta noites jejuando na solidão do deserto (cf. Ex 34, 28 e Mt 4, 2). Por fim, ambos foram encarregados por Deus de proclamar a lei (cf. Deut 5, 1-21 e Mt 5-7).

O êxodo foi um marco na história de Israel. A memória desse evento deu origem às principais celebrações do calendário judaico e teve papel fundamental na criação da identidade do povo judeu. No decorrer da Bíblia, tanto do Antigo como do Novo Testamento, Deus se identifica repetidas vezes como aquele que tirou Israel do Egito. O próprio nome do Egito era usado como sinônimo de idolatria, opressão e pecado sistemático. Mesmo no Novo Testamento, o nome simboliza aqueles que assassinaram Jesus, os maiores inimigos de Deus na terra (cf. Apoc 11, 8).

* * *

Para os israelitas, portanto, o Egito passou a representar o inferno na terra. Daí que, para os primeiros cristãos, a fuga da Sagrada Família para o Egito aparecesse como uma «descida ao inferno», uma prefiguração daquilo que

Jesus realizaria ao abrir as portas do céu àqueles que há muito estavam mortos. Com o nascimento de Jesus, conforme vimos em nossa discussão sobre os pastores, a glória de Deus não mais estava confinada ao Templo em Jerusalém. Ela agora se estendia a Belém e aos pastores, e até mesmo ao Egito e aos egípcios.

São João Crisóstomo, um dos Padres da Igreja, diz:

> A Babilônia e o Egito representam o mundo inteiro. Mesmo quando estavam imersos em descrença, Deus sinaliza ter a intenção de corrigir e endireitar ambos. Deus queria que a humanidade ansiasse por seus presentes generosos. Por isso, Ele chama os homens sábios da Babilônia e envia a Sagrada Família ao Egito[1].

A verdade é que colônias de judeus prosperavam no Egito desde o tempo dos faraós. O Egito era intermitentemente hospitaleiro para o povo escolhido, e muitos egípcios admiravam o estilo de vida dos israelitas. Foi um governante de lá, Ptolomeu II, que primeiro promoveu a tradução da Sagrada Escritura hebraica para o grego. Foi também no Egito que a seita dos terapeutas surgiu e prosperou (cf. o Capítulo 5). E, por fim, foi a comunidade dos judeus em Alexandria, no Egito, que produziu Fílon, um gênio singular da filosofia. É possível que Maria e José tivessem amigos (ou amigos de amigos) no Egito e que assim pudessem encontrar ali abrigo e apoio.

Não sabemos nada com certeza sobre esses anos que a Sagrada Família passou longe de casa. Sabemos, por outro lado, que a fé cristã chegou cedo ao Egito e ali se manteve tei-

---

(1) São João Crisóstomo, *Homilias sobre o Evangelho de Mateus*, 8, 2.

mosamente firme ao longo de milênios de perseguição – de martírio, na verdade –, que persiste naquele território até os dias de hoje. Os cristãos do Egito sempre encontraram amparo nas histórias contadas por São Mateus. Conforme explica o *Catecismo da Igreja Católica* (n. 530): «A fuga para o Egito e o Massacre dos Inocentes manifestam a oposição das trevas à luz. [...] Toda a vida de Cristo estará sob o signo da perseguição. Os seus compartilham com Ele esta perseguição».

Os coptas, cristãos nativos do Egito, guardam muitas lendas sobre a estada da Sagrada Família em seu território; cheios de fé, fazem peregrinações aos locais onde, segundo sua tradição, Jesus, Maria e José encontraram guarida em sua fuga. Por muitos séculos, os coptas também produziram uma arte religiosa de caráter bastante único, cujas formas revelam a influência estilística dos antigos faraós. Nela, as figuras humanas são hirtas e estilizadas, e surgem representadas por meio de cores primárias vibrantes. Ainda assim, as imagens transmitem grande ternura ao abordar a vida da Sagrada Família, retratando Jesus carregado nos ombros de José ou no colo de Maria.

Essa iconografia tem a força da memória... e da misericórdia.

O Talmude babilônico, por sua vez, guarda a história do êxodo; mais especificamente, do grande triunfo de Israel, o momento em que o Mar Vermelho se fecha sobre o faraó e seu exército. Os rabinos dizem:

> Naquele tempo, os Anjos que ministravam queriam cantar seus hinos ao Santo Deus, louvado seja seu nome, mas Deus disse: O trabalho que fiz com

minhas mãos se afoga no mar, e vós quereis cantar hinos em minha presença?[2]

Num dos provérbios do Rei Salomão, lemos: *Não te alegres, se teu inimigo cair, se tropeçar, que não se rejubile teu coração* (Prov 24, 17). Desde o princípio dos tempos, o próprio Deus tencionava estender a redenção aos gentios, mesmo àqueles que, em sua ignorância, colocavam-se contra Ele.

A Sagrada Família fugiu para o Egito levando consigo o Evangelho. Ele brilhou por meio do trabalho cotidiano e doméstico da família enquanto eles ali permaneceram. Muitos certamente se tornaram amigos deles – e de Deus – durante a sua estada; esses amigos, por sua vez, devem ter visto com pesar sua partida depois da morte de Herodes. Era como se Deus novamente se dirigisse aos egípcios, dessa vez com ternura: *Israel é meu filho primogênito. Eu te digo: deixa ir o meu filho, para que ele me preste um culto* (Ex 4, 22-23).

---

(2) Talmude babilônico, *Tratado Megillá*, 10B.

Capítulo 13
Trindades abençoadas: o céu e a Sagrada Família

Desde o século IV, milhares (com o tempo, milhões) de católicos vão à Missa dominical e ali dizem coisas surpreendentes:

> Creio em um só Senhor, Jesus Cristo,
> Filho Unigênito de Deus,
> nascido do Pai antes de todos os séculos:
> Deus de Deus, luz da luz,
> Deus verdadeiro de Deus verdadeiro;
> gerado, não criado, consubstancial ao Pai.
> Por Ele todas as coisas foram feitas.
> E por nós, homens, e para nossa salvação
> desceu dos Céus.
> E se encarnou pelo Espírito Santo,
> no seio da Virgem Maria.
> e se fez homem.

De alguma forma, conseguimos repetir essas palavras com o rosto impassível, como se estivéssemos lendo a lista de princípios ativos num vidro de xarope. Eu sei, eu sei: quando chegamos a esse ponto da Missa, já confessamos nossos pecados, acompanhamos quatro leituras da Bíblia e ouvimos a homilia. A essa altura, talvez tenhamos a sensação de já ter feito o suficiente para merecer um dia inteiro de descanso, e talvez estejamos recitando as orações de maneira mecânica e impensada.

Mas pode ser também que tenhamos receio de não suportar a realidade daquilo que estamos dizendo.

Talvez tenhamos amor por nosso Deus somente enquanto Ele está no céu, mas fiquemos com medo quando Ele se aproxima de nós, pecadores.

Talvez tenhamos medo da verdade a respeito do Natal.

* * *

Por que Deus se tornou homem? Eis aí um dos mistérios mais profundos e insondáveis, análogo a: «Por que o ser e não o nada?».

Só que no nosso caso um Anjo nos dá uma pista por meio da Sagrada Escritura. Ele diz a São José: *[Maria] dará à luz um filho, a quem porás o nome de Jesus, porque ele salvará o seu povo de seus pecados* (Mt 1, 21).

O nome de Jesus vem direto dos céus e certamente nos diz algo sobre o seu propósito. Ele veio para salvar o seu povo; mais especificamente, para salvá-lo «de seus pecados». Esse é um ato puro de amor misericordioso, porque os pecados são, por definição, ofensas contra Deus Todo-Poderoso; no entanto, é o próprio Deus que se faz carne pela nossa salvação. Ele vem, além disso, não para salvar os membros indóceis do seu povo escolhido, mas para salvar até os maiores pecadores da Babilônia e do Egito.

Ao promover a nossa salvação, Deus se aproximou de nós de maneira que pudéssemos vê-lO e tocá-lO. Ele se tornou um bebê para que nós precisássemos pegá-lO no colo, dar-Lhe carinho, trocar suas fraldas e alimentá-lO.

Conforme nos aproximamos do Deus encarnado, vemos com mais clareza a natureza do Deus eterno. Também por isso Ele se fez homem, já que a revelação está diretamente ligada à nossa salvação. No estado decaído em que nos encontrávamos, com o nosso intelecto obscurecido e a nossa vontade fragilizada, não podíamos ver ou conhecer a Deus, embora soubéssemos que Ele existia.

Deus se aproxima para que possamos ver com clareza e saber que *Deus é amor* (1 Jo 4, 8.16). Na eternidade, essa é a identidade mais profunda de Deus. Antes de criar qualquer coisa para amar, Ele *era amor*; e o amor é um ato que requer tanto um sujeito como um objeto, alguém que ama e alguém que é amado. Deus *é* o puro ato do amor. Por causa da revelação do Natal, conhecemos esse amor na forma da Santíssima Trindade. O Papa São João Paulo II resume a questão de forma memorável: «O nosso Deus, no seu mistério mais íntimo, não é solidão, mas uma família, dado que tem em si mesmo paternidade, filiação e a essência da família, que é o amor»[1].

A passagem da manjedoura à Trindade pode parecer um salto e tanto, mas não é. O dogma da Trindade não aparece de maneira explícita nas narrativas sobre a infância de Cristo, mas está implícito o tempo todo. O Natal

---

(1) Papa João Paulo II, *Homilia durante a Missa celebrada no pátio do Seminário Maior Palafoxiano em Puebla de Los Angeles*, 28.01.1979.

é a efusão de um amor eterno no âmbito da existência temporal; é um ícone terreno representando o amor que irradia desde o centro do céu. «A alegria da Trindade torna-se presente no tempo e no espaço», diz São João Paulo II, «e encontra a sua epifania mais alta em Jesus, na sua Encarnação e na sua história»[2].

São Lucas interpreta a concepção de Cristo à luz da Trindade, como mostra o Papa. O Anjo diz a Maria: *O Espírito Santo descerá sobre ti, e a força do Altíssimo te envolverá com a sua sombra. Por isso o ente santo que nascer de ti será chamado Filho de Deus* (Lc 1, 35). O mesmo Papa explica a passagem:

> As palavras que o Anjo proclama são como que um pequeno Credo, que esclarece a identidade de Cristo em relação às outras Pessoas da Trindade. [...] Cristo é o Filho do Deus Altíssimo, o Grande, o Santo, o Rei, o Eterno, cuja geração na carne é realizada por obra do Espírito Santo[3].

Nessa única fala do Anjo, encontramos Deus como Pai, Filho e Espírito Santo. Nove meses depois, no Natal, Deus se manifesta no mundo de uma maneira profundamente pessoal: na forma de três pessoas.

O Papa Bento XVI observou que essa nova e surpreendente revelação também dá continuidade ao Antigo Testamento:

> As palavras do Anjo permanecem totalmente na concepção da piedade do Antigo Testamento, e, toda-

---

(2) Papa João Paulo II, *Audiência geral*, 05.04.2000.
(3) *Ibidem*.

via, superam-na. A partir da nova situação, recebem um novo realismo, uma densidade e uma força que antes não se podia imaginar. O mistério trinitário ainda não foi objeto de reflexão, ainda não se desenvolveu até chegar à doutrina definitiva: surge espontaneamente do modo de agir de Deus, prefigurado no Antigo Testamento; aparece no acontecimento, antes de se tornar doutrina[4].

Aparece no acontecimento. A Trindade está lá, nos detalhes do Natal, para que pensemos sobre ela.

* * *

Em nossa recitação semanal do Credo, dizemos muitas coisas interessantes. Afirmamos, por exemplo, que Jesus é «Filho Unigênito de Deus, nascido do Pai antes de todos os séculos». Mas o que significa dizer que alguém nasceu fora do tempo, fora de uma sequência temporal? O que significa dizer que um filho vive eterna e simultaneamente com seu pai? O Cardeal Donald Wuerl reflete sobre esse mistério em seu livro a respeito do Credo:

> Jesus é o Unigênito. É único. Somente o Verbo Divino é eternamente Filho com relação ao Pai Eterno. A relação entre os dois dá-se fora do tempo, antes do começo. O Pai gera o Filho desde sempre, e o faz eternamente. Essa relação é única e muitíssimo diferente da geração humana, que ocorre dentro de uma sequência de eventos que se desenrolam ao longo do tempo. Um pai humano deve preceder seu filho. Meu

---

(4) Joseph Ratzinger (Papa Bento XVI), *A infância de Jesus*, págs. 32-33.

pai nasceu em 1909, e eu, como era de se esperar, nasci depois, em 1940. As divinas pessoas da Trindade, no entanto, são coeternas. Coexistem fora do tempo, e nunca houve um momento em que uma existisse sem as outras.

Portanto, o termo «unigênito» pode iluminar para nós a vida de Deus, mas também serve como desafio para que pensemos para além das categorias comuns e humanas. Assim opera a revelação. Deus se adapta a nós usando a nossa linguagem, e até mesmo assumindo a nossa natureza, mas também nos chama a ascender em direção a Ele, em direção ao *sobre*natural, e nos faz seus filhos e partilha conosco de sua natureza divina[5].

Aqui, o Cardeal Wuerl nos dá um esclarecimento importante. Deus nasceu no tempo para nos ensinar sobre seu «nascimento» na eternidade. A revelação mostra a verdade em termos compreensíveis para nós. Para nos explicar aquilo que é espiritual, Deus traça analogias com coisas que já conhecemos, coisas do mundo material e físico.

No Natal, contudo, Deus não revela apenas informações; não nos fornece apenas dados doutrinais para nos ajudar a entender algo que ultrapassa em muito as nossas capacidades mentais limitadas. *Se* Ele tivesse vindo só para fazer isso, já seria algo maravilhoso, mas Ele veio para fazer mais: conforme já vimos, Ele veio também para salvar o seu povo dos seus pecados.

---

(5) Cardeal Donald Wuerl, *Faith That Transforms Us: Reflections on the Creed*, Word Among Us, Frederick, 2013, págs 31-32.

Mas isso ainda não é tudo! A revelação do Natal não é simplesmente um conjunto de informações, e não diz respeito apenas ao perdão dos pecados. Para Deus, esses são meios para a obtenção de um fim ainda mais grandioso. Deus *se revela* e *perdoa* os nossos pecados porque esses são prerrequisitos que levam a um dom ainda maior, e o Cardeal Wuerl toca nesse ponto na passagem que acabamos de ler. A salvação consiste em Deus nos fazer seus filhos e dividir conosco a sua natureza divina.

A isso os santos chamam de «admirável permuta». Deus assume a nossa natureza humana para nos conceder a sua natureza divina (cf. 2 Pe 1, 4). Esse é o significado mais profundo da nossa salvação. São Paulo coloca a questão em termos que evocam a pobreza do estábulo em Belém: *Vós conheceis a bondade de nosso Senhor Jesus Cristo. Sendo rico, se fez pobre por vós, a fim de vos enriquecer por sua pobreza* (2 Cor 8, 9).

A salvação é maior que o conhecimento e que o perdão, por mais grandiosos que possam ser esses dons. Ser salvo é viver como Deus e amar como Deus.

✳ ✳ ✳

Vamos a Belém porque o Pai Eterno decretou que assim devemos fazer para encontrar o seu Filho Eterno. Podemos conquistar muitos diplomas em teologia, mas se não chegarmos a conhecer Jesus como *Filho*, pouco saberemos sobre Deus. Assim disse o grande teólogo Joseph Ratzinger, que mais tarde se tornaria o Papa Bento XVI. A existência de Jesus «como criança corresponde de maneira única à sua divindade, que é a divindade do "Filho". E isso significa que a sua existência como criança nos mostra como podemos chegar a Deus e à deificação»[6].

Eis aí uma palavra forte: *deificação*. Ser deificado é ser transformado num deus. E é exatamente isso que Deus fez por nós ao enviar seu Filho a Belém. O Filho de Deus tornou-se Filho do Homem para que nós, filhos de homens, pudéssemos aprender a nos tornar filhos de Deus. Jesus disse: *Em verdade vos declaro: se não vos transformardes e vos tornardes como criancinhas, não entrareis no Reino dos céus* (Mt 18, 3).

Jesus detém muitos títulos. Ele é Rei, Salvador, Redentor, Messias, Senhor, Mestre, Rabino e Deus. Mas nenhum título é tão exaltado como o de Filho, e é como Filho que podemos vir a conhecê-lO no Natal. Por isso, o Natal é o único evento a nos mostrar o caminho da salvação. Joseph Ratzinger conclui: «Aquele que não capta o mistério do Natal não capta o elemento decisivo da cristandade. Aquele que não aceita esse fato não pode entrar no Reino dos Céus»[7].

Deus nos quer ao seu lado no reino, e foi por isso que Ele nos «enviou seu Filho». Os primeiros cristãos tinham grande estima por essa frase por causa do amor implícito nela. A frase alude ao amor eterno da Trindade, bem como ao seu transbordamento na terra. Diz São João: *Nisto consiste o amor: não em termos nós amado a Deus, mas em termos ele amado, e enviado o seu Filho para expiar os nossos pecados. E nós vimos e testemunhamos que o Pai enviou seu Filho como Salvador do mundo* (1 Jo 4, 10.14).

---

(6) Joseph Ratzinger, *The Blessing of Christmas*, Ignatius Press, São Francisco, 2007, pág. 76.

(7) *Ibidem*.

E por que Deus faria isso? São Paulo encontrou a resposta em Belém: *Deus enviou seu Filho, que nasceu de uma mulher, a fim de remir os que estavam sob a lei, para que recebêssemos a sua adoção* (Gal 4, 4-5).

Tudo se resume à filiação divina, e Ele próprio desceu à terra para partilhá-la conosco em Belém.

* * *

A salvação chega por meio da família, da Sagrada Família. O lar de Jesus, Maria e José tornou-se como que «uma segunda casa» para o Filho Eterno de Deus. Era um posto avançado do céu, uma imagem da Trindade no mundo. «Podemos dizer», afirma São Francisco de Sales, «que a Sagrada Família era uma trindade na terra, que, de certa forma, representava a própria Santíssima Trindade»[8].

Jesus, naturalmente, é o Filho comum a ambas as «famílias». José, em relação a Jesus, era como a imagem terrena do Pai Celestial. Maria, que concebeu Jesus pelo poder do Espírito Santo, tornou-se a imagem desse Espírito no mundo.

Deus, portanto, encontrou o seu lugar numa família humana e nos convidou – a mim e a você – a buscar também o nosso lugar. Ele fez para nós uma casa na Igreja – «um povo», como disse São Cipriano no século III –, «cuja unidade vem por meio da unidade do Pai, do Filho e do Espírito Santo»[9].

---

(8) São Francisco de Sales, *Entretiens*, 19.
(9) São Cipriano de Cartago, *Sobre o Pai-Nosso*, n. 23.

E os nossos próprios lares, nossos lares cristãos, também partilham desse dom maravilhoso que é o Natal. O Papa Bento XVI expressa isso em termos que são para mim os mais contundentes possíveis:

> Deus quis revelar-se nascendo numa família humana, e por isso a família humana tornou-se ícone de Deus! Deus é Trindade, é comunhão de amor, e a família é, com toda a diferença que existe entre o Mistério de Deus e a sua criatura humana, uma expressão que reflete o Mistério insondável do Deus-amor. [...] A família humana, num certo sentido, é ícone da Trindade pelo amor interpessoal e pela fecundidade do amor[10].

Somos criados por amor. O amor experimentado na vida em família já é celestial, mas ainda é apenas uma imagem da glória superior que esperamos contemplar no céu.

---

(10) Papa Bento XVI, *Ângelus*, 27.12.2009.

Capítulo 14

A alegria do mundo

«A alegria do mundo», diz uma cantiga de Natal em inglês.

E por que os cristãos cantam assim? Porque «o Senhor veio!», completa a cantiga.

Se o Senhor é a nossa alegria, a nossa alegria não pode mais ser tirada de nós. Não pode mais ser perdida.

Muitas das grandes ficções natalinas trazem vilões que ameaçam impedir a celebração do Natal. O Grinch, personagem do Dr. Seuss, tentava acabar com a data furtando as decorações natalinas, mas as pessoas comemoravam do mesmo jeito. Já no caso do Sr. Scrooge, criado por Charles Dickens, o Natal era esmagado sob o peso avassalador da avareza, mas o personagem acabava se arrependendo de sua falta de alegria e amor e, no final, também comemorava a data.

A realidade, no entanto, pode ser bem mais sórdida do

que a ficção. Assim como há um São Nicolau histórico[1] por trás do Papai Noel, também há personagens reais que equivalem a um Sr. Scrooge ou a um Grinch. Os piores deles são os hereges cristãos que tentaram roubar a alegria da comemoração ao negar a Encarnação.

Houve vários estraga-prazeres desse tipo nos primeiros séculos de existência da Igreja. Alguns deles diziam que Jesus não era verdadeiramente humano; em vez disso – diziam –, Jesus era um Anjo disfarçado ou uma espécie de imagem holográfica projetada por Deus. Seus sentimentos eram todos de fachada. Quando chorava, não era de tristeza, e sim porque queria que nós entendêssemos a sua mensagem. Enquanto se contorcia de dor na Cruz, seu eu verdadeiro sorria não muito longe dali. Esse «Jesus» podia até ser interessante, na medida em que são interessantes os robôs e os androides nos filmes de ficção científica; mas, em última análise, não seria possível amá-lO. Afinal, quem amaria um Messias que engana e escarnece, um ser superior que passa a sua mensagem por meio de manipulação, lágrimas de crocodilo e fúria fingida? E como poderíamos acreditar que um mentiroso desses nos amou?

Nesse campo se encontram os partidários do gnosticismo, do docetismo e de outras doutrinas que reivindicavam o título de «cristãs», embora as suas religiões não tivessem Encarnação, nem Trindade, nem alegria.

Mas havia ainda outra corrente especulativa que foi, na minha opinião, bem mais corrosiva para a alegria cristã. Nessa corrente estavam os adocionistas e os aria-

---

(1) Cf. Leo Donald Davis, *The First Seven Ecumenical Councils (325- -787): Their History and Theology*, Liturgical Press, Collegeville, 1990, pág. 58.

nos, hereges que negavam que Jesus fosse verdadeiramente Deus.

Não nos levem a mal – diziam –, nós temos grande apreço por Jesus. Ele foi a maior das criaturas de Deus, mas foi apenas uma criatura. Ele era divino, porque Deus assim O fez, mas não era Deus como Deus é Deus. Não era e não podia ser, segundo esses hereges, porque um Deus feito de três Pessoas é uma impossibilidade. Três não é igual a um. E, além disso, um ser infinito jamais poderia ser contido num corpo finito. Bastou algum tempo e já tinham racionalizado esse «Jesus» a ponto de tê-lO transformado num cara legal a quem Deus havia concedido superpoderes no momento do Batismo. Por essa razão, a festa do Batismo do Senhor era, depois da Páscoa, a sua principal celebração anual. O dia, segundo eles, marcava o aniversário da promoção do carpinteiro nazareno a semideus e Messias.

Para eles, não havia grande relevância no Natal, e menos ainda na Epifania, já que essas festas apresentavam um dado inconveniente: um bebê identificado desde o nascimento como Filho de Deus e salvador da humanidade. Escreviam cantigas contra o Natal cheias de versos lúgubres (mas difíceis de esquecer) que negavam a coigualdade e coeternidade de Jesus com o Pai: «Houve um tempo em que Ele não era», cantavam eles, «houve um tempo em que Ele não era».

Não chega a ser surpreendente que essa heresia – em sua forma mais insidiosa, o arianismo – tenha invadido e dominado o mundo intelectual. Em meados do século IV, segundo São Jerônimo, «o mundo gemia e admirava-se ao descobrir-se ariano». Foi com grande rapidez que imperadores e acadêmicos – e, infelizmente, muitos bispos – deixaram-se contaminar pela febre. Alguns poucos cristãos mais intrépidos ousaram se opor a ela. Dentre eles, houve aqueles que preferiram a morte e outros que optaram pelas privações do exílio; tudo para não ter que trair a verdade do Natal. Mas a ideia herética tinha defensores poderosos, alguns dos quais eram imperadores, que ajudaram a sustentá-la por um século.

Houve um momento, no entanto, em que a fé católica triunfou, não porque tivesse arrecadado mais fundos, ou porque tivesse formado para si um exército, mas por causa do Natal e da sua alegria característica.

* * *

Não é que o Natal não fizesse parte do calendário antes disso; ele fazia, embora a sua data variasse segundo o lugar onde era celebrado. Já no século II, havia igrejas no Egito que observavam a data no dia 25 de dezembro. A celebração no inverno coincidia com as comemorações antigas do Hanucá, o Festival das Luzes judaico, o que naturalmente pode não ser mera coincidência. Estudiosos calcularam a data com base na atuação de Zacarias no Templo, segundo os registros do Evangelho de Lucas[2].

Em outros lugares, a natividade de Jesus era rememorada juntamente com outras manifestações de sua divindade (a visita dos magos e seu primeiro milagre) por volta do dia 6 de janeiro, na Festa da Epifania.

Essa era, no entanto, uma celebração silenciosa, ob-

---

(2) Cf. uma breve discussão sobre isso em: Joseph Ratzinger, *The Blessing of Christmas*, págs. 66-67. Ver também: B. Reicke, «Jahresfeier und Zeitenwende im Judentum und Christentum der Antike», *Trierer Theologische Quartalschrift*, n. 150, 1970, págs. 312-334; e Margaret Barker, *Christmas: The Original Story*, SPCK, Londres, 2008, pág. 54.

servada mais ou menos como uma paróquia observa o Domingo da Trindade nos dias de hoje. O Natal era eclipsado todo ano por uma outra grande celebração cristã antiga: a Páscoa.

Cada data festiva, no entanto, ganha mais ou menos importância dependendo das circunstâncias que a Igreja atravessa a cada momento de sua história. Assim, conforme um número crescente de pessoas (detentoras de uma quantidade crescente de poder) negavam a verdadeira divindade e humanidade de Jesus, o Natal foi ficando maior. O alto clero católico do século IV lutava para promover a sua celebração. Santo Efrém da Síria e Santo Hilário de Poitiers (na França) escreveram cantigas de Natal para servir de antídoto aos hinos produzidos pelos arianos. São Gregório de Nazianzo e São João Crisóstomo rogavam às suas congregações que celebrassem a festa com alegria total e irrestrita. Na África, Santo Agostinho dedicava a sua inigualável proficiência retórica à explicação dos mistérios da festa.

Pouco tempo depois, o veredito da história era claro. Os estraga-prazeres fracassaram na tentativa de conquistar os corações cristãos ao redor do mundo. Em meados do século V, o Natal era uma data fixa da Igreja e do calendário civil; passou a ser foco de pregações papais e já começava a rivalizar com a Páscoa por todo o júbilo que inspirava.

A alegria do mundo havia chegado para ficar.

* * *

Mas nem todo mundo acha que a ênfase no Natal foi positiva. Várias pessoas criticam o fato de o Natal ter se tornado uma data comercial; outros afirmam – a partir de fundamentos teológicos – que o Natal deveria estar mais claramente subordinado à Páscoa, não apenas em solenidade ritual, mas também em termos das celebrações associadas às datas. O Cardeal Christoph Schönborn abordou essa questão:

> Se nós, por um lado, começamos a partir da Encarnação, quando Deus se torna homem, parece óbvio que o Natal é, por consequência, o evento central da salvação: Deus tornou-se homem! Com isso, tudo o mais já se cumpriu. No entanto, a Páscoa aí seria tão somente um apêndice? Será que a redenção e a salvação já não vieram a nós antes da Páscoa? Por outro lado, o mistério pascal de Cristo parece também ter centralidade: a Páscoa é o ponto de inflexão da salvação, um elemento novo que, por sua vez, renova tudo. Será a Páscoa o substantivo, portanto, e o Natal simplesmente a preposição?[3]

E então, o que fazer? Natal ou Páscoa? Qual dos dois momentos deve reinar no coração dos cristãos? Como frequentemente acontece, os católicos são instados a escolher entre duas alternativas; e escolhem ambas.

Ao longo da história, os santos notaram que os dois eventos estão misteriosamente ligados. Nas cenas do Natal, os cristãos sempre encontraram prenúncios do mistério pascal.

Jesus começou a sua vida numa caverna usada como estábulo. Seu berço era um nicho escavado numa parede de pedra que servia de manjedoura aos animais. No dia de

---

(3) Cardeal Christoph Schönborn, *God Sent His Son: A Contemporary Christology*, Ignatius Press, São Francisco, 2010, pág. 65.

sua morte, seu corpo também foi posto num nicho de pedra dentro de um túmulo.

Já aqueles que imaginam uma manjedoura feita de madeira observam que Ele foi posto sobre esse material tanto no nascimento como na crucifixão.

Em seu nascimento e em sua morte, Jesus foi envolvido com faixas (cf. Lc 2, 7 e Jo 19, 40).

Tanto o seu nascimento como a sua ressurreição foram anunciados pelos Anjos.

Já traçamos a conexão entre Belém – que significa «casa do pão» – e a Última Ceia, quando Jesus dá o seu corpo como Pão da Vida. Ao ser posto na manjedoura, o Menino Jesus já se apresentava como «a comida que dura até a vida eterna» (cf. Jo 6, 27.55).

Já falamos sobre a sua circuncisão, que antecipa o sangue que seria derramado na sua execução. Ela prefigura também a sua ressurreição, por representar um desprendimento em relação ao corpo mortal (cf. Col 2, 11).

O Natal, portanto, não ameaça a importância da Páscoa. Pelo contrário, ambas as celebrações estão relacionadas por serem expressões do mesmo amor divino, ordenadas uma à outra pela mesma Divina Providência.

* * *

Em certo sentido, o que o Natal celebra é uma revolução no pensamento religioso. Especialistas em religião comparada às vezes tentam resumir tradições diversas a um conjunto de temas que, privados de suas particularidades, passam a se parecer uns com os outros (embora também se pareçam cada vez menos consigo mesmos).

Além disso, em sociedades pluralistas, é comum que

pessoas bem-educadas minimizem as diferenças religiosas e enfatizem aquilo que todos têm em comum. Essa é uma grande qualidade, mas pode acabar indo longe demais, e receio que isso aconteça com frequência.

Afinal, o cristianismo é único dentre todas as religiões do mundo. Somente os cristãos dizem que o verdadeiro e único Deus existe eternamente em comunhão de amor perfeito; que Ele ama eternamente e é eternamente amado. Algumas religiões são monoteístas, ou seja, professam a crença num só deus, assim como nós, mas seu deus é pura solidão. Outras religiões são politeístas, ou seja, acreditam em dois ou mais deuses, mas todos eles inevitavelmente se encontram em conflito perpétuo. Todas essas crenças levam a diferentes consequências morais. Têm um impacto real sobre a vida humana.

A fé cristã exige a crença no amor: no amor estável, eterno, infinito, imutável, imortal, sobrenatural.

A fé cristã exige a crença no amor eterno e interpessoal: no amor que se dá entre três pessoas, e que é trino e uno.

A fé cristã exige a crença no amor eterno que surge historicamente no Natal, no momento em que *o Verbo se fez carne e habitou entre nós, cheio de graça e de verdade* (Jo 1, 14). A fé cristã nos impele a dizer que *vimos sua glória, a glória que o Filho único recebe do seu Pai* (Jo 1, 14).

Os Anjos cantaram «Glória» porque a glória mais elevada de Deus tocou a terra, e foi então compartilhada por meio do Filho com muitos dos seus coerdeiros, dos seus irmãos e irmãs na *assembleia* [*ekklesia*, Igreja] *festiva dos primeiros inscritos no livro dos céus* (Heb 12, 23). É na Igreja que celebramos o Natal em união festiva com os santos e os Anjos, quer estejamos na Missa da Vigília ou na Missa do Dia de Natal, ou em qualquer outro momento do dia santo.

O Natal brilha de maneira única no mundo todo como um farol de amor verdadeiro. Somente o cristianismo pode traçar a genealogia do amor retroativamente até a eternidade. O politeísmo não pode fazer o mesmo, nem o monoteísmo que propõe um deus de solidão pura.

Ainda que não sejamos capazes de reconhecer a diferença que isso faz, não há dúvida de que as outras religiões reconhecem. Desde a sua fundação, o Islã, por exemplo, condena veementemente a doutrina cristã no que diz respeito à Trindade e à Encarnação. Essa postura aparece traduzida em termos fortes no Corão e encontra-se gravada nas paredes do Domo da Rocha[4].

Nenhuma mente humana poderia ter inventado o Deus uno e trino. Não se trata de um Deus que podemos conter em nossas categorias ou domar por meio dos nossos pensamentos. Nenhuma mente humana poderia ter concebido um Deus que é amor e que nos ama como se fôssemos deuses. Nenhuma mente humana poderia ter imaginado o Natal, a menos que nisso fosse assistida pelos Anjos.

O Natal nos faz diferentes. O Natal nos coloca em outro patamar. O Natal nos chama a partilhar do amor divino, e depois compartilhar esse amor com um mundo descrente.

* * *

---

(4) Santuário muçulmano construído no Monte do Templo, em Jerusalém, no século VII. É considerado um dos lugares mais sagrados dessa religião. (N. do E.)

Esse é o chamado que recebemos dos Papas em seu clamor por uma «Nova Evangelização». O Papa Francisco muito apropriadamente enfatizou a «alegria» como um elemento essencial à nossa missão. Sua exortação apostólica sobre a evangelização leva o nome de *Evangelii Gaudium*, «A alegria do Evangelho»: «A alegria do Evangelho enche o coração e a vida inteira daqueles que se encontram com Jesus. Aqueles que se deixam salvar por Ele são libertados do pecado, da tristeza, do vazio interior, do isolamento. Com Jesus Cristo, a alegria renasce sem cessar»[5].

Com Cristo, a alegria *nasce e renasce constantemente*. Até a maneira como o Papa descreve a «alegria» nos faz pensar no Natal. Mais adiante, na mesma carta, ele faz a conexão de maneira explícita: «A alegria do Evangelho é para todo o povo, não se pode excluir ninguém; assim foi anunciada pelo Anjo aos pastores de Belém: *Não temais, pois anuncio-vos uma grande alegria, que o será para todo o povo* (Lc 2, 10)»[6].

Deus criou o mundo todo em função da alegria que celebramos no Natal. Ele moldou a natureza humana para que cada homem, mulher e criança desejasse a alegria do Natal e buscasse a plenitude em Belém, a Casa do Pão, por meio do Pão que desceu do céu. Deus nos fez para que só encontrássemos verdadeira satisfação na alegria do Natal, e em mais nenhuma outra.

Ele guiou toda a história na direção da alegria do Natal, fazendo um chamado a Abraão e liderando os descen-

---

(5) Papa Francisco, *Evangelii Gaudium* (exortação apostólica sobre a proclamação do Evangelho no mundo de hoje), 24.11.2013, n. 1.
(6) *Idem*, n. 23.

dentes do patriarca mesmo quando estes se afastaram de Deus, para que pudessem encontrar o caminho de volta à estrada que leva a Belém.

Quando comemoramos o Natal de verdade, transbordamos uma alegria da qual as pessoas querem participar. Elas passam então a ver a alegria presente nos costumes natalinos que herdamos dos nossos ancestrais. O Papa Bento XVI certa vez elaborou um estudo meticuloso sobre esses costumes[7] – as árvores, os biscoitos (comuns nos Estados Unidos e em países europeus) e os presentes de Natal –, mostrando que cada um deles tem fundamentação bíblica. Os costumes em si expressam as percepções e intuições espirituais de cristãos comuns de maneira memorável e repleta de alegria.

Por que os presentes, por exemplo? Porque Deus deu a si próprio de presente para nós, envolvendo a sua divindade em humanidade verdadeira.

E por que decoramos a árvore de Natal? Para reproduzir simbolicamente a árvore do Paraíso, que foi restaurada pela árvore do Calvário. *Jubilem todas as árvores das florestas* (Sal 95, 12).

Finalmente, por que os cristãos de alguns países fazem biscoitos de Natal? Porque o Messias veio para nos guiar a uma terra que emana leite e mel. Do céu Ele nos deu «o Pão que contém todo o sabor»[8].

* * *

Eu acredito que a alegria do Natal é fundamental para a Nova Evangelização; ela é eminentemente mariana, e

---

(7) Cf. *The Blessing of Christmas*.
(8) Hino *Tantum Ergo*. (N. do E.)

tem raízes profundas na nossa devoção pela Sagrada Família, a representação da Trindade na terra.

Uma evangelização desse tipo é para todos, mesmo para aqueles que se acreditam incapazes de articular uma defesa da fé, de explicar cada ponto da doutrina, ou mesmo de provar a verdade de tudo aquilo que está na Bíblia. Alguns, como os magos, sairão de Belém para evangelizar as elites; outros o farão como os pastores e irão aos pobres. Mas ambos os grupos, magos e pastores, tinham em comum a alegria. Ambos trouxeram a alegria do Natal de Belém para o mundo.

Os católicos evangelizam quando a sua fé lhes traz júbilo, quando se sentem alegres ao celebrar as suas festas, quando de fato vivem um feliz Natal e convidam os outros a participar dele. Essa é a melhor maneira de evangelizar amigos, familiares, colegas de trabalho e todos os demais. E por quê? Porque o mundo oferece inúmeros prazeres, mas nenhuma alegria perene. O que Cristo nos dá é alegria, mesmo em meio às dificuldades e tristezas, mesmo em meio à perseguição, à fuga e ao exílio.

A alegria é o melhor argumento em prol do catolicismo; é irresistível e irrefutável, e foi incorporada às nossas principais celebrações. Lembremo-nos do pequeno poema de Hilaire Belloc:

> Onde brilha o sol católico,
> há bom vinho e riso eufórico.
> A mim, é o que sempre se passou.
> *Benedicamus Domino!*

Eis aí o catolicismo, e eis aí o Natal. Sempre que nos encontramos sem alegria, devemos reconhecer que precisamos de uma re-evangelização, porque a graça da conversão não é algo que recebemos de uma vez e ponto final; antes, é uma graça contínua, que vai se aprofundando e se estendendo ao longo da vida inteira.

Mesmo aqueles que não fazem ideia do que realmente está em jogo no Natal sentem uma alegria vibrar no coração dessa festa. A alegria é o motivo pelo qual os mercados financeiros sobem e caem sob efeito das vendas de presentes e decorações natalinas. O caráter comercial do Natal nos dias de hoje muitas vezes me causa repulsa, mas devo admitir que também nisso há, em certo sentido, um reconhecimento da alegria natalina. É como se o mercado tentasse, ainda que de maneira estabanada, fazer parte da festa e tirar algum proveito da alegria.

Hoje, assim como no século IV (e como em todos os séculos), há quem tente roubar o nosso Natal para roubar a nossa alegria. Pessoas que caçoam de tudo aquilo que diz respeito à festa: a Trindade, a concepção virginal, a Encarnação, os pastores, etc. Como devemos responder? Convidando-os para a ceia e alegrando-nos com a ceia pela infinita importância que ela tem.

Direção geral
Renata Ferlin Sugai

Direção editorial
Hugo Langone

Produção editorial
Juliana Amato
Gabriela Haeitmann
Ronaldo Vasconcelos
Roberto Martins

Capa
Gabriela Haeitmann

Diagramação
Sérgio Ramalho

ESTE LIVRO ACABOU DE SE IMPRIMIR
A 5 DE ABRIL DE 2024,
EM PAPEL PÓLEN BOLD 90 g/m^2.